GERRY MARINO
FRANCINE FORTIER

La nouvelle famille

Un équilibre à réinventer

Préface de Christian Côté

Bien-être

*À nos enfants, Nadine, Alexandre et Simon,
qui nous ont souvent ramenés à l'essentiel*

Sommaire

Remerciements

À la manière d'un film invraisemblable, notre « carrière d'auteurs » a été initiée par un simple appel téléphonique : « Accepteriez-vous d'écrire un livre sur la famille recomposée ? Je préférerais en donner l'occasion à des gens d'ici au lieu de faire traduire un livre étranger. » Envers celle qui, sans hésiter, nous a accordé cette chance, nous ressentons une profonde gratitude. Nous la remercions également de sa confiance de tous les instants et de son aide précieuse dans la correction de nos premiers textes. Josette Ghedin Stanké, dont nous avons apprécié la chaleur, a été une alliée indispensable dans la réalisation de ce projet.

Diverses influences ont façonné notre vision, mais comme l'ouvrage s'adresse au grand public, nous n'avons pas voulu l'alourdir de références. Nous sommes redevables à Constance Ahrons, Mavis Hetherington, Emily et John Visher, Judith Wallerstein, tous pionniers de la recherche ou de la théorie en matière de divorce et de remariage. Sans leurs travaux et ceux de bien d'autres, nous n'aurions pu écrire ce livre.

Nous souhaitons aussi remercier tous ceux et celles qui ont bien voulu partager leur histoire, leur questionnement, leurs difficultés, que ce soit dans le cadre d'une psychothérapie ou lors d'une rencontre de groupe. Même si nous avons cherché à préserver leur anonymat, leur témoignage nous a servi à illustrer comment se vit la recomposition. En outre, il a alimenté notre réflexion, animé nos échanges et contribué à affiner notre perception.

Enfin, nous n'oublions pas l'apport de Lucie Saint-Pierre, première « compagne d'armes » dans les rencontres de groupe. Sa collaboration marque le début d'un périple qui a donné lieu à la rédaction de cet ouvrage. En tant que coformatrice auprès de groupes de professionnels, elle a aussi apporté créativité et stimulation.

GERRY MARINO ET FRANCINE FORTIER

Préface

J'ai rencontré Gerry Marino il y a quelques années dans un programme de formation. J'avais été frappé par son attitude à la fois rigoureuse et ouverte, en contact avec les difficultés des familles mais tolérante envers les expérimentations que les membres faisaient et confiante dans les résultats une fois que les moyens étaient appliqués. C'est pourquoi, lorsqu'il m'a demandé d'écrire la préface de ce livre, j'ai accepté avec plaisir, car j'étais sûr d'y retrouver cette perspective pleine de fraîcheur et d'espoir ouvrant sur des développements en profondeur.

Gerry Marino et Francine Fortier, compagnons de vie dans leur famille recomposée, nous offrent le résultat de leurs expériences professionnelles et personnelles. Leur ouvrage est présenté simplement, mais sur des fondations scientifiques solides, à partir de la connaissance des dynamismes du développement personnel et systémique. J'y retrouve le radicalisme humaniste proposé par Eric Fromm. Il y a des postulats actuellement ancrés dans l'esprit de trop de parents, de grands-parents, d'enseignants et de thérapeutes de tous ordres : les familles recomposées vivent uniquement des difficultés — la famille brisée brise l'avenir —, les effets d'un divorce marquent les enfants au fer rouge...

Gerry Marino et Francine Fortier nous offrent plutôt une réflexion critique, qui retourne à l'essentiel, c'est-à-dire aux personnes comme êtres en devenir, en dépit des limites imposées par des blessures, des craintes, des carcans de préjugés et des environnements adverses. Ils s'appuient sur des connaissances objectives et subjectives, sur un cadre théorique et méthodologique rigoureux, sur des explorations personnelles et avec les familles qu'ils rencontrent depuis plusieurs années, et sur des mises en perspective des échecs et des réussites.

Ils nous exposent leur identification des effets du divorce, de la réorganisation en famille à parent unique et de la recomposition en une famille désirée par les adultes et imposée aux enfants. Ils ne restent pas sur cette perspective, mais constatent que la vie continue et que la recomposition est la seule voie qui s'offre au parent séparé s'il aspire au bonheur conjugal.

L'essentiel du livre nous dit : les difficultés sont réelles mais la vie, son œuvre ici et maintenant et un certain bonheur demeurent possibles. Un échec conjugal n'est pas la fin des relations satisfaisantes entre adultes.

Les auteurs développent ces thèmes avec rigueur, avec une écoute attentive, disponible et chaleureuse de l'expérience vécue de chaque conjoint et de chaque enfant. Ils offrent aux couples et aux enfants de se libérer des contraintes du passé pour utiliser les forces contenues dans les relations antérieures et les forces nouvelles de la famille recomposée.

Leur pragmatisme reconnaît les effets du divorce; oui, les enfants, déjà blessés par les conflits et les pertes, réagissent souvent négativement à l'imposition d'une nouvelle famille par une décision des adultes; oui, le couple est souvent, et au début très fortement, envahi par l'enfant et même par le parent extérieur. Mais leur confiance humaniste les amène à redéfinir la famille recomposée comme une famille qui a les mêmes bases et les mêmes objectifs que tout autre type de famille. Les rôles conjugaux de soutien, de ressourcement, d'épanouissement, de partage sont les mêmes. Les rôles parentaux de support, de sollicitude, de soins de tous ordres, de guide et de contrôle par l'établissement de limites sont aussi les mêmes.

Mais ils ne sont pas identiques à ceux de la famille nucléaire primaire (à un seul noyau). Il y a des erreurs et des échecs à corriger par un changement de modèles dans les rapports. Il y a maintenant des responsabilités parentales qui n'existaient pas auparavant. Des liens profonds entre le parent et l'enfant se sont développés durant la transition entre les unions et doivent être maintenus sous une forme différente dans la famille nouvelle. Les rôles de même type doivent être tenus suivant des modalités différentes et en choisissant prudemment le meilleur moment.

Un thème revient constamment : la confiance et l'espoir sont alliés à la clarté et à la ténacité en tant que couple, en tant que personne dans ses choix et en tant que parents dans leurs positions. Avec Françoise Dolto, les auteurs insistent sur la clarté de ce qui doit être dit aux enfants et au conjoint. Le mensonge et le non-dit sont présentés comme une garantie de problèmes à moyen et à long terme. Ils illustrent bien, avec l'exemple de la famille de Fred, Isabelle, Ève, Cyril et Antoine, les étapes de la recomposition, les difficultés et les limites des difficultés, les espoirs et les limites de ce qui peut être désiré. Ils nous montrent que souvent l'enfant rebelle désire une frontière plus ferme, mais non l'expulsion du nouveau conjoint. Lorsque les premiers contacts s'ouvrent vers du positif, l'enfant s'aperçoit que, dans ses échanges avec les adultes qui gravitent autour de lui, il est gagnant sur plusieurs aspects.

Les auteurs traitent les thèmes centraux à travers la perspective des enfants, du couple et de chaque conjoint. Ils abordent avec délicatesse les points de frottement douloureux favorisés par l'usure du quotidien. Ils soulèvent la question de la culpabilité et de la vengeance rancunière, les deux principales sources de conflits et de désunion. Ils pointent l'aspect « missionnaire » que se donne souvent le nouveau conjoint, cause infaillible de frictions parentales puis conjugales. Avec humour, ils multiplient les exemples, non pour donner des recettes — même si les techniques précises sont nécessaires —, mais pour offrir des amorces vers la recherche de solutions adaptées à chaque foyer et à chaque personne.

Ce livre s'adresse aux familles, parents et enfants, et aux professionnels. J'y ai revu la plupart des situations rencontrées depuis plus de vingt ans dans mes activités auprès des familles recomposées. Beaucoup d'entre elles s'y retrouveront si bien qu'elles pourront croire que l'ouvrage parle d'elles. Elles reconnaîtront des solutions qu'elles ont déjà appliquées. Elles en découvriront d'autres, allant vers des développements qu'elles n'osaient pas ou ne savaient pas entreprendre.

Des enfants vont s'y reconnaître et oseront peut-être dire, ou faire, ce qu'ils croyaient nécessaire jusque-là de dissimuler. Je pense à l'enfant qui me disait : « J'aimerais devenir l'ami de la blonde de mon père, mais ce n'est pas possible. » Il verrait ici, comme il l'a constaté en entrevue familiale, que ce qui est difficile n'est pas de le vivre mais de le dire.

Les professionnels trouveront dans *La Nouvelle Famille* des analyses et des plans d'action valables pour leurs interventions, surtout s'ils partagent l'éclairage du texte avec les familles.

Je crois, pour terminer cette introduction et vous laisser enfin aborder le livre, qu'il contient ce qui est l'essentiel de toute œuvre de qualité. Il offre une source d'éclairage profond des situations et une stimulation chaleureuse à la créativité pour tous ceux qui vivent et accompagnent la recomposition familiale.

Christian Côté
Professeur titulaire à l'École
de service social de l'Université Laval
Québec

Introduction

Lorsqu'ils se rencontrent, elle a trente-trois ans, lui vingt-sept. Elle est veuve et mère de deux enfants, il est militaire de carrière et n'a jamais été marié. C'est le coup de foudre suivi de peu par un mariage. Leur union dure quatorze ans et se termine par un divorce... Peut-être pensez-vous que cette histoire est contemporaine? Détrompez-vous. Napoléon et Joséphine l'ont vécue dans les années 1796 à 1810.

Avec le remariage de Joséphine, naît une nouvelle famille. Aujourd'hui, on la dirait recomposée. Mais si le souci de nommer ce type de famille est relativement récent, le phénomène en soi n'est pas nouveau. Associée au remariage, la recomposition est une réalité de tous les temps.

D'autres personnages célèbres ont vécu cette situation. Si on en sait peu sur la qualité des rapports chez les Bonaparte, on s'accorde à dire que Jean-Sébastien Bach eut une vie familiale calme, heureuse et harmonieuse. Le musicien perdit pourtant trois des sept enfants nés d'un premier mariage, avant de perdre son épouse. D'une seconde union naquirent 13 enfants dont 6 moururent en bas âge.

Malgré ces nombreux drames, la vie de Bach ne fut pas tourmentée. En effet, à l'époque où médecine et science en étaient à leurs balbutiements, côtoyer la mort était chose commune. Perdre précocement un enfant, voir sa femme mourir en couches ou son conjoint emporté par la maladie étaient des événements douloureux mais courants. Presque aussi fréquent que le veuvage, le remariage allait de soi. Ce contexte permit aux quatre enfants de Bach d'hériter d'une belle-mère et, par la suite, de plusieurs demi-frères et sœurs, sans que cela pose de problèmes majeurs.

Voilà pour le XVIIIe siècle. Plus près de nous, Albert Einstein célèbre son union en 1903. Peu après la déclaration de la Première Guerre mondiale, il se sépare de son épouse. Ses deux jeunes garçons restent sous la garde de leur mère tandis qu'il quitte son pays pour aller travailler à l'étranger. Cinq ans plus tard, la séparation devenant divorce officiel, il se remarie avec sa cousine, elle-même veuve et mère de deux filles.

L'expérience d'Einstein se distingue des précédentes car son remariage fait suite à une rupture et non à un veuvage. Sans devenir la nouvelle norme sociale, le divorce est en progression constante depuis le début de notre siècle. Il est devenu un facteur beaucoup plus fréquent que le veuvage dans les cas de remariage. Malgré la douleur associée aux ruptures, beaucoup de personnes décident de tenter une nouvelle union. En relation avec l'augmentation saisissante des séparations, nous assistons donc à une véritable prolifération des recompositions familiales.

Vivre dans une famille recomposée n'a jamais été l'exclusivité des gens célèbres. Dans nos arbres généalogiques, nous avons tous un aïeul qui, orphelin de père ou de mère, a connu une telle expérience. Pourtant, ceux qui recomposent leur foyer font encore face à d'anciens préjugés. Racontée depuis des siècles, l'histoire de Cendrillon en est l'illustration. Malgré son grand intérêt psychologique, ce conte véhicule un message qui frappe notre imagination : « Il est terrible d'être élevé par une belle-mère ! » Malheureusement, la tradition nous a légué cette vision partielle et négative.

Au poids des préjugés ancestraux se greffe la condamnation du divorce. On a tendance à concevoir la séparation comme un événement néfaste dont les conséquences sont tragiques et irrémédiables, surtout pour les enfants. Un tel jugement prend ses racines dans l'idéalisation de la famille « intacte ». Comparée à cette vision parfaite, toute famille dont les membres ont connu l'éclatement apparaît comme entachée.

La recomposition de son foyer est pourtant la seule voie qui s'offre au parent séparé, lorsqu'il aspire à un nouveau bonheur conjugal. Cette recherche signifie la victoire de l'espoir sur la désillusion. Une foi profonde en la famille et l'amour, une conscience claire des responsabilités liées au passé animent la majorité des personnes qui s'engagent sur ce chemin.

Cependant, la vie d'une famille recomposée n'est pas exempte de difficultés. Ces difficultés alimentent malheureusement les préjugés. Le nouveau foyer doit traverser une période de transition pouvant s'étendre sur quelques années. Encombrée de heurts et d'achoppements, cette phase comporte, comme toute situation de réorganisation, des stress et des exigences d'adaptation ; mais la famille qui réussit devient un lieu vivifiant pour ses membres, enfants et adultes.

Les adaptations nécessaires pour rendre la nouvelle cellule stable et fonctionnelle sont nombreuses. Il faut composer avec le passé de chacun, confronter les attentes et les besoins divergents, redéfinir les anciens liens et en créer de nouveaux. Ce cheminement se trace à travers trois étapes d'évolution qui vont du stade initial de désorganisation jusqu'à celui, final, de cohésion. Chacune des phases comporte son défi. Une fois les principales difficultés d'un palier surmontées, la famille est en mesure de s'attaquer au suivant.

Au départ, chacun arrive muni de ses peurs et de ses ambivalences, de ses réticences et de ses espoirs. Le défi consiste alors à faire le deuil de son passé et de ses attentes irréalistes. Y parvenir permet de s'ouvrir au potentiel véritable du nouveau foyer et d'y participer de façon plus entière. La famille peut ensuite aborder l'étape de la négociation, celle qui consiste à concilier des besoins souvent contradictoires. Au fur et à mesure que cela s'accomplit, un sentiment d'appartenance émerge tandis que progresse le sens de la cohésion et de l'identité familiales. Au dernier stade, même si les acquis sont à consolider, la cellule peut envisager un avenir commun qui tient compte de sa propre structure et des besoins évolutifs de chaque membre. Elle n'est pas la réplique de la famille « intacte », mais elle a acquis légitimité et stabilité.

Malgré les efforts que demande la recomposition d'une famille, il est possible d'en faire une expérience riche et réussie. En étudiant les situations vécues par ces foyers, cet ouvrage accompagnera et guidera le nouveau couple dans son évolution. De nombreux témoignages dégageront les difficultés à prévoir et fourniront des connaissances et des outils pour les surmonter. *La Nouvelle Famille* s'adresse à tous les couples qui se forment après un divorce ou une séparation. Il est aussi un livre de référence pour les professionnels de la psychologie familiale.

Dans cette aventure, adultes et enfants arrivent chacun avec leurs perspectives qui vont s'influencer mutuellement. Les enfants se sentent amenés plutôt contre leur gré dans le nouveau foyer et leurs comportements et réactions témoignent de leurs problèmes. Le premier volet du livre leur est consacré. Que vivent-ils dans cette situation? Quelles sont leurs difficultés? À quelles nécessités d'adaptation sont-ils confrontés? Que peut-on faire pour favoriser leur intégration?

La seconde partie du livre traite de l'expérience des adultes. Puisque l'enfant n'accueille pas volontiers le nouveau venu, comment le couple peut-il évoluer? À quelles difficultés beau-parent et parent sont-ils confrontés? Comment composer avec le parent extérieur? Toutes ces questions sont cruciales pour les nouveaux époux qui veulent faire un succès de leur aventure, car l'échec n'est jamais inéluctable.

PREMIÈRE PARTIE

Les enfants de la recomposition familiale

1

Le rêve de réconciliation

Si l'on veut comprendre l'attitude des enfants envers la recomposition de leur foyer, il faut admettre en premier lieu que le choix de former une nouvelle famille ne relève pas d'eux, mais bien des adultes. Ceux-ci peuvent y trouver une solution à leur problème de solitude, un allégement de leur fardeau parental, une occasion, surtout, de se construire un avenir meilleur fondé sur le bonheur conjugal. Mais les enfants, pour leur part, n'ont pas voulu cette situation, et leurs sentiments ainsi que leurs réactions seront en grande partie différents de ceux de leurs parents.

Toute famille recomposée se construit sur les cendres d'une famille morte. Rares sont les cas où la braise est complètement éteinte, sans risque de se rallumer. Une séparation ou un divorce sont des événements marquants qui ne se règlent pas à la légère. On ne peut pas passer à côté, on ne peut que passer au travers. Cette vérité vaut tout autant pour l'enfant et pour l'adulte, mais pour le premier, se faire à l'idée que ses parents ne vivront plus ensemble est une tâche ardue. Avec la rupture commence un long cheminement vers l'acceptation de la séparation.

Même à l'aube d'une recomposition, le rêve d'un retour en arrière est toujours vivace. Parfois très puissant, il peut constituer un obstacle majeur à l'intégration de l'enfant dans sa nouvelle famille.

Faciliter son adaptation aux transformations ultérieures se prépare en fait dès la rupture. Bien sûr, on se sépare rarement en pensant que l'on fondera plus tard un autre foyer, mais la qualité de cette séparation a un impact primordial. Tout ce qui n'a pas été réglé risque de resurgir en force au moment de la naissance d'une seconde famille. Pour comprendre l'attitude des enfants, il faut examiner cette période cruciale d'avant la recomposition.

LA RUPTURE ET SES CONSÉQUENCES

Même lorsque les rapports entre les conjoints sont difficiles et le climat familial tendu et malsain, rares sont les enfants qui souhaitent la séparation de leurs parents. C'est plutôt l'arrêt de la souffrance, de la violence ou le rejet d'un autre élément indésirable qui est souhaité, et non le départ du parent :

À l'époque, Marianne avait fortement encouragé sa mère à divorcer. Les disputes entre ses parents devenaient de plus en plus violentes et les relations familiales s'étaient gravement détériorées. Étant donné les tergiversations de sa mère à l'idée d'une séparation, cette adolescente avait entrepris de lui faire voir que son mari était responsable de la situation et qu'il était illusoire de s'attendre à un changement. Selon Marianne, la seule issue était le divorce et elle traitait sa mère de lâche car elle n'agissait pas. Aujourd'hui, à peine deux ans après la séparation, Marianne voit son père régulièrement et dit avoir appris à mieux le connaître et l'apprécier. Elle affirme que les choses ont beaucoup changé et que, peut-être un jour, ses parents pourront revivre ensemble.

Tout comme la recomposition familiale, la décision de rompre découle de motivations qui n'appartiennent qu'aux adultes et qui n'ont rien à voir avec les désirs des enfants. En conséquence, et à cause aussi de la grande dépendance des enfants à l'égard de leurs parents, le parcours s'avère différent pour les uns et les autres.

Le sentiment d'abandon

Dans les premiers moments de la séparation, l'enfant se sent abandonné. Il souffre de l'absence du parent qui est parti, mais il subit aussi l'absence de celui qui demeure, car ce dernier est plus replié et moins disponible sur le plan affectif. Le sentiment d'être délaissé tient au manque de présence psychologique autant qu'à l'absence réelle.

Dans certains cas, une vive inquiétude s'ajoute au sentiment d'abandon. Elle se traduit dans les comportements et attitudes générales :

Durant les semaines qui suivent le départ de son père, Yannick, un garçon de huit ans, change de comportement subitement. Il ne va plus s'amuser avec ses amis, préférant rester à la maison près de sa mère. Il ne poursuit guère ses activités habituelles et ne joue plus avec sa petite sœur. Sa seule préoccupation semble être de monter la garde auprès de sa mère de façon presque constante. Un jour, Yannick décide de parler de ses inquiétudes et lui confie qu'il a peur qu'elle ne s'en aille comme l'a fait son père. Une fois rassuré sur les intentions de sa maman, Yannick reprend sa vie de petit garçon.

Pour le jeune enfant, le départ de l'un de ses parents est une éventualité qu'il n'a souvent jamais envisagée. Une fois ce seuil franchi, rien ne lui interdit de penser que l'autre parent pourrait, lui aussi, quitter le foyer. En outre, la peur de l'abandon et l'idée de la mort des parents sont très voisines dans l'esprit des enfants. Lors d'une séparation, ces angoisses peuvent surgir de manière très précise :

Quelques mois après la séparation de ses parents, Marie, une fillette pourtant très confiante, pose une question à sa mère : « Maman, si tu meurs, qui va s'occuper de moi ? » La mère s'empresse de répondre qu'elle ne voit pas pourquoi une telle chose arriverait, et que même si cela devait se produire, il y aurait toujours quelqu'un pour s'occuper d'elle. Elle énumère alors tous les gens de son entourage susceptibles de garder Marie, en commençant par son père et ses grands-parents maternels. La réponse semble avoir satisfait l'enfant, qui n'a plus jamais reposé cette question.

La peur de l'abandon n'apparaît pas seulement lors de la séparation des parents. Tous les enfants, à un moment ou à un autre de leur développement, sont terrifiés à l'idée de perdre leurs parents. Les bandes dessinées qui mettent en scène un bambin à la recherche de sa maman tragiquement perdue doivent sûrement leur succès à cet aspect de la psychologie juvénile. Universelle, l'angoisse d'abandon montre combien le petit dépend étroitement de ses parents pour sa sécurité, son bien-être et même sa survie. Cependant, une chose est particulière aux enfants du divorce et aux orphelins : c'est qu'une réalité tangible renforce leur insécurité.

Dans la plupart des cas, cette situation peut se rétablir facilement. La majorité des parents sont habiles, comme la mère de Marie et celle de Yannick, à saisir l'importance de rassurer l'enfant. Mais il arrive que des circonstances défavorables compliquent les choses. Ainsi, certains enfants sont encore submergés par la peur d'être abandonnés lorsque commence leur vie dans une nouvelle famille.

L'idéalisation du parent absent

Du haut de ses huit ans, Carole explique à sa mère comment son père, qui est médecin, sait mieux soigner les rhumes qu'elle...

Alors qu'il goûte la soupe aux légumes de sa belle-mère, Jean remarque qu'il s'agit de la spécialité culinaire de sa mère et souligne qu'elle y aurait certainement ajouté une pincée de poivre et des poireaux.

Que l'on soit parent ou beau-parent, on risque d'être confronté, tôt ou tard, aux réflexions de l'enfant au sujet du parent absent. Quel beau terrain pour la rivalité parentale! Qui n'a pas senti un petit pincement, une pointe de jalousie à être comparé à ses dépens? Comprendre le processus d'idéalisation peut atténuer cette atteinte à notre orgueil.

Le recours à l'idéalisation est une façon de compenser l'absence. Avec la rupture, l'enfant perd l'accès simultané à ses parents, puisqu'ils ne sont plus réunis sous le même toit. Celui ou celle qui part ne fait plus tous les petits gestes familiers qu'il savait si bien faire dans la routine quotidienne. Comme il ressent l'absence et qu'elle est douloureuse, l'enfant parvient à la surmonter en entretenant grâce à son imagination une relation idéale avec le parent éloigné. Dans l'imaginaire, la réalité n'intervient pas, il peut recréer le parent qu'il désire.

L'absence favorise l'idéalisation car elle réduit ou même élimine les confrontations avec le quotidien. Ainsi, plus espacées sont les visites, plus le recours à l'idéalisation risque d'être important, l'enfant ayant tout son temps pour se rappeler les bons moments et occulter les moins bons. L'idéalisation de l'absent est particulièrement fréquente et tenace lorsqu'un parent est décédé. La relation demeure alors enfermée dans une bulle de perfection. Lors d'une recomposition ultérieure, cette tendance peut poser des problèmes plus aigus que dans les situations faisant suite à un divorce. Qui oserait s'attaquer à l'image d'un parent décédé?

Le sentiment de culpabilité

Lors d'une séance de thérapie familiale, la petite Sophie pleure doucement. On a percé son terrible secret; elle peut maintenant en être libérée. Sensible aux problèmes des enfants du divorce, le thérapeute lui dit tout simplement : « Sophie, je sais que tu crois que tes parents se sont séparés à cause de toi, même si tu ne sais pas ce que tu as pu faire pour qu'une telle chose arrive. Beaucoup d'enfants pensent comme toi mais ils se trompent. La vérité, c'est que si les parents se séparent, c'est parce qu'ils ne s'aiment plus comme avant. »

À un certain âge, tous les enfants s'imaginent être le centre du monde. Ils croient que les humeurs de leurs parents résultent de ce qu'ils ont fait ou n'ont pas fait, ou encore de ce qu'ils ont dit ou pensé. Cette croyance les protège d'un sentiment d'impuissance en face de leur environnement sur lequel ils ont en fait peu de contrôle.

Comme l'illusion de toute-puissance les porte à se sentir à l'origine de tout ce qui se passe dans leur entourage, les enfants se croient couramment responsables de la séparation parentale. Pour eux, il est impossible que leurs parents aient pu se séparer pour des raisons qui ne les concernent pas. Ainsi, ils invoquent secrètement toutes sortes de motifs de rupture qui ont un rapport avec eux. Certains pensent que papa et maman se disputent parce qu'ils n'ont pas été assez gentils; d'autres inventent quelque obscure faute originelle qui leur a valu l'expulsion du paradis familial. Croyant qu'il n'a pas fait ce qu'il fallait pour garder ses parents ensemble, l'enfant se sent coupable.

L'illusion d'être responsable de la dissolution du couple peut être entretenue par les adultes. Il n'est pas rare que, malgré eux, les enfants soient mêlés aux luttes conjugales : soit qu'on leur reproche d'avoir suscité des conflits, soit qu'ils fassent partie de la litanie des sujets de mésentente. Les enfants y trouvent matière à élaborer leur illusion de toute-puissance et à alimenter leur sentiment de culpabilité.

Dans leur désarroi, certains parents invoquent les enfants comme cause de la rupture, et il n'y a pas de raisonnement plus dommageable pour ces derniers. Plutôt que de l'alimenter, il faut contrer leur fausse perception d'être à l'origine de l'éclatement, car celle-ci les condamne à un sentiment de responsabilité trop lourd et trop injuste. Puisque la décision de rompre est le strict choix des adultes, il est essentiel de ne pas leur en faire porter le poids. Sur cette base seulement, ils pourront envisager l'avenir avec confiance.

Le rêve de réconciliation

Les enfants du divorce ont tendance à idéaliser leur passé et à souhaiter la réconciliation de leurs parents, l'unité familiale leur apparaissant comme un paradis perdu. Généralement, ce fantasme s'amenuise avec le temps, mais il est rare qu'il disparaisse. D'ailleurs, les parents peuvent contribuer à l'entretenir. S'ils laissent planer des doutes quant à leur réunion, ou si l'un d'entre eux n'a pas assumé le divorce, le rêve se trouve encouragé.

Même si le temps a permis une certaine dissipation, l'espoir de réconciliation est rarement abandonné au moment de la recomposition. L'arrivée d'un nouveau conjoint constitue une atteinte directe à cette illusion. Voyant ses espoirs compromis, l'enfant ne partage pas l'enthousiasme de son père ou de sa mère à l'idée d'une nouvelle famille. Souhaitant l'approbation de leur enfant, certaines personnes restent surprises qu'aucun conjoint potentiel ne semble acceptable à ses yeux. Pourtant, de son point de vue, accorder sa bénédiction équivaudrait à cautionner le remplacement du parent absent. Résignons-nous donc à l'idée que la décision de recomposer une famille appartient exclusivement aux adultes et ne peut être partagée par les enfants.

LES PERTES À SUPPORTER

Au moment de la séparation, l'enfant perd beaucoup de choses. Non seulement il perd la proximité avec l'un ou l'autre des parents, mais cette situation engendre une baisse de revenus qui peut lui être dommageable quant à ses activités et son style de vie. S'ajoute parfois un déménagement qui le prive de son environnement habituel. Il n'est pas rare non plus que les visites au reste de la famille soient réduites ou que, par suite du partage de la garde, frères et sœurs soient séparés. Les effets qu'ont ces multiples pertes varient selon l'âge et le tempérament de l'enfant.

Une séparation implique la mort d'une famille telle qu'elle se vivait. L'enfant traverse une pé-

riode de deuil semblable au deuil d'un être cher.
Tout un cortège d'émotions difficiles l'accompagne : sentiment de perte, tristesse, culpabilité, refus et colère. Un certain temps doit
s'écouler avant que l'enfant n'assimile l'expérience de l'éclatement de son foyer.

Le deuil de la famille initiale

Nous sommes tous, au cours de notre existence, exposés à des pertes. Cette évidence, que
l'on n'aime pas rappeler, fait partie intégrante de
la vie. Ainsi, les enfants peuvent avoir à endurer
la mort d'un animal préféré, un déménagement,
diverses déceptions, le décès d'un grand-
parent... S'ils apprennent à surmonter ces
épreuves, ils en sortent grandis et fortifiés. Les
pertes subies lors d'une séparation sont très difficiles à vivre, mais l'enfant doit les assumer
pour poursuivre son évolution. Le travail du
deuil accompli, il est plus apte à faire face et à
accueillir les changements dans sa vie.

Un deuil mal résolu est tôt ou tard source de
difficultés. Un enfant qui n'a pas l'occasion de
faire celui de sa famille initiale transpose ses
sentiments dans d'autres aspects de sa vie, ce
qui entraîne des réactions inappropriées et nuisibles :

Depuis la séparation de ses parents, Serge, alors
âgé de treize ans, se bagarre avec tous. Son père est
parti vivre avec une femme qu'il fréquente depuis
déjà plusieurs années. Peu après, Serge est expulsé
de l'école parce qu'il a frappé son professeur. Il vit
tantôt chez sa mère, tantôt chez son père, sans être

34

bien nulle part. Il est en conflit perpétuel. À quinze ans, déjà, il consomme trop d'alcool et a de fréquents démêlés avec la justice pour délits mineurs et vandalisme.

À dix-neuf ans, alors que sa vie est dans une impasse, Serge est atteint de dépression. Il n'a pourtant jamais paru regretter le divorce de ses parents; il ne pleure plus depuis l'âge de huit ans, il joue les durs et il s'isole. Dans un flot de larmes, il confie maintenant à quel point il a toujours refusé cette situation. En outre, il se sent profondément coupable de l'incendie de la maison familiale, qu'il a accidentellement provoqué à l'âge de cinq ans. Ses parents, qui ne lui ont jamais pardonné ces dommages, ont attribué à cette faute l'origine de leur mésentente. Par ses aveux, Serge a finalement réussi à enclencher le travail du deuil, et il peut désormais exprimer ses sentiments autrement que par la violence et l'autodestruction.

L'histoire de Serge illustre comment les sentiments liés aux pertes, lorsqu'ils ne sont pas exprimés, se manifestent d'une manière destructrice. Seule la reconnaissance de toute la gamme des émotions ressenties peut permettre une intégration et favoriser une adaptation.

Pour l'enfant, cependant, le deuil de la famille initiale demeure laborieux. La persistance du rêve de réconciliation en témoigne. Rêver de voir ses parents réunis, c'est un peu refuser d'accepter qu'ils se soient séparés. Pourquoi l'enfant accepterait-il une situation qu'il n'a pas choisie, et comment pourrait-il le faire si ses parents eux-mêmes ne l'assument pas totalement ? En fait, les parents influencent la façon dont leurs enfants émergent des décombres du divorce.

L'adaptation à faciliter

Une bonne part des réactions des enfants sont calquées sur celles de leurs proches. Tous les parents savent que leurs protégés, surtout lorsqu'ils sont en bas âge, vont chercher dans leur entourage des indices sur ce qu'ils doivent penser et ressentir. Lorsqu'un enfant fait une chute, par exemple, il observe aussitôt la réaction alentour. Si l'on s'agite, il en déduit que la situation est alarmante. Si, par contre, on l'aide à se relever et si on le réconforte calmement, il y a de fortes chances qu'il reprenne son activité comme si de rien n'était.

Les enfants, comme les adultes, ont droit à leurs propres sentiments. Toutefois, leurs idées et leurs émotions ne sont pas nécessairement distinctes de celles des personnes importantes dans leur vie. C'est pourquoi un parent a la capacité de rassurer et de consoler. Chez l'enfant, le travail du deuil passe également par celui de son entourage.

Les enfants entendent tout. Le discours des parents et de l'entourage peut les mener à percevoir la séparation comme un événement nécessaire, même s'il est désolant. Trop souvent pourtant, nos paroles inconsidérées leur font ressentir la situation comme une tragédie :

Grand-mère et grand-père discutent autour de la table avec leur fils, récemment séparé de sa compagne : « Pauvres enfants, c'est si malheureux ! Ils vont sûrement en rester marqués ! As-tu vu à quel point ta fille est triste ces temps-ci ?... Et Adrien n'est plus le même, il est devenu bougon et difficile. Il n'était pas comme ça avant... »

Pour guérir de ses pertes, l'enfant doit être accepté avec sa souffrance. On doit se montrer attentif à sa tristesse et lui permettre d'en vouloir à ses parents. En même temps, il faut se garder de susciter et d'entretenir ces sentiments. L'écoute, alliée à une attitude positive et réaliste tournée vers l'avenir, convient bien mieux que la pitié, la dramatisation ou la condamnation.

Bien sûr, l'attitude des parents est celle qui compte le plus. Leur tâche est difficile puisqu'ils sont aux prises avec leur propre désarroi. Ils ont un deuil à faire eux aussi; généralement, quand ils sont en voie de guérir, leurs enfants les suivent.

Pour faciliter l'adaptation de l'enfant, on doit lui expliquer les véritables raisons de la séparation en des termes accessibles. Ces éclaircissements diminuent son sentiment de responsabilité à l'égard de la situation, et atténuent du coup culpabilité et peur de l'abandon. Inutile de se perdre en de longues explications : il suffit d'être clair, concis, sans trop accabler son ex-partenaire et sans tomber dans le piège des justifications excessives. Ce n'est qu'avec le recul que les parents acquièrent une certaine objectivité. Malheureusement, l'arrivée dans une nouvelle famille est parfois entachée de questions non résolues et de secrets bien gardés :

Ghislain a cinq ans lorsque son père quitte soudainement la famille. Sa mère croit alors bien faire en lui cachant que son mari subit une longue peine d'emprisonnement : elle craint qu'il ne suive les traces de son père... Elle perçoit ce dénouement comme la fin de son calvaire et elle est déterminée à oublier cet homme. Elle raconte donc à Ghislain que son père est parti en voyage ; l'enfant, constatant qu'il ne revient pas, harcèle sa mère de questions. Elle trouve cette situation insupportable et lui ordonne de ne plus parler de son père. C'est alors que le garçon devient nerveux, agité et difficile.

Deux ans plus tard, la mère de Ghislain vit avec un nouveau conjoint. Le seul problème est qu'en dépit des efforts de ce dernier, l'enfant lui manifeste obstinément une attitude hostile. Ghislain devient de plus en plus agressif : dans la rue, à l'école, il cherche la bagarre. Même si sa mère lui a caché la vérité, il est devenu justement un enfant à problèmes, comme elle le craignait...

Lors d'une thérapie, on découvre que ce silence a nui à Ghislain, qui a interprété le départ de son père comme une punition ; il est certain de l'avoir méritée et s'est convaincu qu'il est mauvais. C'est pourquoi, risquant d'être rejeté par son beau-père, il ne s'y attache pas.

Quelles que soient les raisons de la rupture, il faut les dire. Le silence et les mensonges contribuent bien plus à troubler les enfants qu'à leur épargner une vérité trop dure. Livrés à eux-mêmes, ils s'imaginent être le cœur du drame et s'inventent une histoire bien plus lourde à porter que la stricte vérité.

Face à leur rêve de réconciliation, il importe de maintenir une position ferme et claire. Cependant, on ne doit pas s'attendre à ce que ce fantasme disparaisse. Les parents, chacun à leur façon, doivent expliquer à l'enfant qu'ils ne vivront plus ensemble : l'essentiel est que le petit reçoive un message clair.

Le fait de répondre adéquatement aux inquiétudes provenant du sentiment de culpabilité, de la peur de l'abandon et du rêve de réconciliation, amène l'enfant à envisager son avenir de façon plus positive. Comme pour les mystères de la vie, le récit de la séparation (et la dénonciation du rêve de réconciliation) doit être fait en différentes versions, en fonction de chaque âge. Après la recomposition, le petit, s'il avait quatre ans lors de la séparation, reposera les mêmes questions à sept, à dix et encore à quinze ans, mais chaque fois de la manière propre à son âge.

Les obstacles à l'adaptation

Certains restent marqués par la séparation de leurs parents, tandis que d'autres s'adaptent facilement. Ces réactions opposées mettent en évidence une chose : en réalité, ce n'est pas la séparation qui blesse les enfants, mais les conditions dans lesquelles elle se déroule.

Une séparation n'est jamais facile à vivre. Même pour des adultes, rompre est lourd de conséquences : partage des enfants, implications matérielles, face-à-face avec soi-même... Assumer tous ces contrecoups ne va pas de soi. Il faut accepter de vivre avec moins de revenus, organiser un arrangement de garde, tenir compte à la fois de l'absence immédiate de l'autre parent et de sa présence lointaine.

Beaucoup de gens séparés refusent cette situation : certains souhaitent profiter des avantages de la séparation sans en subir les inconvénients ; d'autres en veulent terriblement à leur ex-conjoint et cherchent à se venger. La rupture donne souvent lieu à divers tiraillements, mésententes et conflits. C'est précisément cela qui blesse les enfants :

Depuis plus de trois ans, Gaëlle et Benoît sont divorcés ; ils poursuivent un tango judiciaire dont les enjeux sont la pension alimentaire et la garde des enfants. Si Benoît est au chômage et ne peut verser la pension, Gaëlle lui laisse les enfants en visite prolongée afin que leur père « assume ses responsabilités ». Loin de créer un meilleur lien avec ses enfants, Benoît, qui a toujours lutté pour la garde, dénonce son ex-épouse et refuse de « faire les frais » de la situation. Il ramène donc les petits chez leur mère. Puis, lorsqu'il reprend son travail saisonnier, Gaëlle réclame « l'augmentation » à laquelle elle croit avoir droit en compensation des durs moments que ce « monstre » lui a fait subir. Chacun espère sortir vainqueur de cette lutte interminable où les véritables perdants sont les enfants.

Entre l'entente à l'amiable et le recours juridique, la première solution s'avère la plus favorable aux enfants : les guerres pour la garde, pour la pension alimentaire ou l'exclusion d'un parent sont souvent très néfastes. Dans la mesure où on les évite, chacun y gagne.

Toute séparation est une épreuve, plus ou moins bien vécue. Le parent vit ses propres angoisses, sa souffrance, sa révolte. Certains divorces sont plus douloureux, plus préjudiciables que d'autres. On peut difficilement cacher ces choses à nos enfants et il arrive que, pour éloigner la douleur, pour nous blanchir ou nous justifier, nous accablions l'ex-conjoint de récriminations inutiles et interminables. Or, celui-ci est aussi le parent de notre enfant : chaque fois que nous ternissons injustement son image, nous atteignons en même temps le petit. Les parents étant les êtres les plus importants dans son univers, il a besoin de se sentir libre de les aimer, l'un comme l'autre. S'il n'est question ni de victime ni de bourreau, l'enfant pourra mieux faire le deuil de son foyer initial et construire une relation positive avec chacun de ses parents.

LA PHASE MONOPARENTALE

Après le choc de la rupture, la famille panse ses blessures et se réorganise. Chacun de leur côté, les parents ont à faire la paix avec le passé et à prendre seuls la responsabilité de la garde. Ces défis étant exigeants, l'enfant peut se trouver dans une situation de manque. Mais la plupart des parents parviennent graduellement à assumer cette nouvelle situation.

Le défi est tout aussi grand pour l'enfant : il lui faut faire le deuil de son foyer initial et s'habituer à fréquenter ses deux parents séparément. Selon les arrangements, il passera plus ou moins de temps dans chacune de ses familles, mais si les circonstances sont favorables, tout se passera dans une relative harmonie.

Un moment propice au deuil

Pour l'enfant, l'important est de comprendre que, s'il perd un foyer uni, il ne perd pas ses parents. Après la séparation, il est partagé et inquiet à ce sujet, particulièrement s'il y a escalade de conflits blessants. Il se demande s'il peut chérir en même temps deux êtres qui semblent

41

parfois se détester, s'il a le droit d'aimer l'un sans trahir l'autre. Ces conflits de loyauté le rendent mal à l'aise, mais ils finissent par se dissiper s'il a la possibilité d'entretenir un lien avec chacun sans craindre de blesser l'autre.

Parallèlement, chaque parent s'habitue à sa tâche de chef de famille, assumant ses responsabilités; il devient de plus en plus lucide quant à ses limites et quant à ses exigences envers l'autre parent. À mesure que cette maturation s'accomplit, chaque parent devient plus apte à répondre aux angoisses, aux questions et aux besoins de son enfant, lui permettant ainsi d'évoluer à son tour dans le deuil à faire.

Comme le cheminement du parent précède celui de l'enfant, le premier sera prêt à s'engager dans une nouvelle famille alors que le second n'aura peut-être pas intégré l'éclatement de l'ancienne. Entre ses deux parents, qui ne suivent pas nécessairement le même itinéraire, l'enfant peut être à la fois encouragé et freiné dans le sien. Dans presque tous les cas, le rêve de réconciliation persiste et des problèmes du passé restent à résoudre.

Moment propice pour régler ses comptes avec le passé, la phase monoparentale prépare le terrain pour une recomposition éventuelle. Plus le deuil est achevé, moins la nouvelle cellule aura à supporter les difficultés du premier foyer. Si on a permis à l'enfant d'apaiser ses conflits de loyauté et d'établir un lien avec chacun de ses parents, il accueillera plus volontiers le nouveau conjoint. Des traces du passé subsisteront, mais la nouvelle famille deviendra un lieu de guérison définitive. Rassuré par la solidité du nouveau couple, lorsque l'autre parent n'y fait pas obstacle, l'enfant abandonne peu à peu ses espoirs de réconciliation.

Il arrive pourtant que des situations du passé laissent des traces majeures. Quand un parent quitte le foyer brusquement, les enfants peuvent se sentir profondément trahis, meurtris et laissés pour compte. Dans la mesure où ils ont l'impression qu'on leur a volé leur foyer, il leur est difficile, parfois même impossible, d'accepter la création du nouveau. L'échec d'un parent sur le sentier de son propre rétablissement ou sa préoccupation à refaire sa vie ont des conséquences. Lorsque les enfants n'ont pas eu l'occasion d'entamer le deuil de leur foyer initial, leur rêve de réconciliation et leurs conflits de loyauté sont tels qu'ils nuisent à la reconstruction. Simultanément aux prises avec des défis qui relèvent d'une fin et d'un recommencement, la famille recomposée peut voir son avenir hypothéqué.

Un nouvel équilibre

La phase monoparentale n'est pas composée que de deuils. Après la séparation, la famille est désorganisée. Les liens et les rôles sont à redéfinir et plusieurs adaptations sont nécessaires. Quelle que soit la progression du deuil, un nouvel équilibre s'instaure petit à petit. L'enfant acquiert une certaine sécurité dans son nouveau cadre de vie. Il s'y habitue et finit par y voir certains avantages.

Après le départ d'un parent, la relation de l'enfant avec celui qui reste se transforme. Le partage de la douleur et le réconfort mutuel suscitent d'abord un rapprochement. Certains enfants s'octroient la mission de prendre soin de leur parent, recueillent ses confidences et le soutiennent. Ce rôle, que le petit prend très au sérieux, lui confère le sentiment d'un lien privilégié. Ce lien est particulièrement fort et étroit si la famille ne compte qu'un enfant. Parfois, la complicité et l'intimité sont telles qu'il se retrouve en quelque sorte dans une position de « conjoint de remplacement ».

L'équilibre entre les pouvoirs n'est plus le même puisque la famille repose sur un seul parent. Celui-ci peut consulter l'enfant sur des décisions importantes comme l'achat de meubles, le choix d'un logement, ou d'autres. Ce qui le fait bénéficier dans ce cas de plus de considération que dans sa famille intacte.

La famille monoparentale offre de nouvelles responsabilités. Elle oblige à une répartition des tâches qui amène les enfants à s'acquitter de besognes réservées aux adultes. L'aîné, par exemple, peut jouer un rôle prépondérant auprès des plus jeunes, leur assurer une partie des soins et de leur éducation. C'est une occasion d'acquérir une plus grande maturité, mais seulement dans la mesure où ce qui est exigé de l'enfant ne dépasse pas ses moyens.

Quant à la discipline, le parent étant seul, sans le soutien de l'autre comme auparavant, cette situation peut donner lieu à un relâchement. L'enfant se retrouve devant plus de laisser-aller ou plus de liberté, sans l'encadrement efficace qui lui serait nécessaire.

Les parents séparés éprouvent parfois le besoin de se racheter aux yeux de leurs enfants et cherchent à compenser la douleur qu'ils leur infligent. N'osant rien leur refuser, ils deviennent permissifs. S'ajoute parfois une rivalité entre les ex-conjoints pour gagner l'amour et la faveur de leurs petits. Ces diverses circonstances font que l'enfant se retrouve plus gâté qu'auparavant.

Aux yeux de l'enfant, qui ne perçoit comme positif que ce qui semble l'avantager sur le moment, la vie avec un parent unique est source de bénéfices : lien privilégié, statut particulier, passe-droits et faveurs, liberté d'action... Malgré les pertes que la rupture a entraînées pour lui, il y voit plusieurs acquis. Il peut s'agir d'une autonomie et d'une maturité véritables, ou d'éléments moins favorables à son évolution : un laisser-aller parental malsain, une manipulation de l'entourage, une liberté d'action sans aucun sens de la responsabilité.

Quel que soit le terrain qu'il considère avoir gagné pendant la phase monoparentale, l'enfant ne le cède plus volontiers :

Selon Julie, qui vit seule avec son père depuis sept ans, nul ne connaît mieux qu'elle les besoins et les faiblesses de cet homme. Elle se considère comme « la femme de la maison ». Repas, lavage, ménage n'ont plus de secrets pour elle. Sa nouvelle belle-mère n'a qu'à bien se tenir ! Nul n'a besoin d'elle ici.

Par rapport à ses copains, Guy pense qu'il a de la chance. À quatorze ans, il peut rentrer quand bon lui semble et n'a de comptes à rendre à personne. Occupée avec les deux cadets, sa mère le laisse faire. Elle s'est lassée des interrogatoires qui finissaient toujours par une dispute. Mais à présent, son nouveau conjoint a entrepris de la convaincre de remettre son fils sur le droit chemin. Déterminé à conserver ses privilèges, Guy entend bien gagner la deuxième manche.

Marquant le retour à la famille biparentale, l'arrivée d'un nouveau conjoint rompt l'équilibre atteint pendant la phase monoparentale. Qu'il ait ou non achevé le deuil de son foyer initial, l'enfant fait face à de nouvelles pertes. Dans un contexte où les liens et les rôles sont, une fois de plus, à redéfinir, il risque de voir s'envoler ses récents avantages. Défendant ce qu'il a gagné, il livre souvent une lutte acharnée. Plus il a passé d'années avec un parent unique, plus il lui est difficile de reprendre son ancienne place.

Pour assurer un meilleur départ au nouveau foyer, on constate qu'une période ni trop courte ni trop longue en famille monoparentale fournit les conditions les plus favorables. Si l'enfant n'a pas eu assez de temps pour intégrer la rupture, ses espoirs de réconciliation et ses conflits de loyauté seront trop présents pour lui permettre de s'ouvrir à un nouveau cadre de vie. À l'opposé, s'il a vécu longtemps avec un seul parent, il livrera une lutte sans merci pour conserver ses privilèges. On situe approximativement entre un an et demi et quatre ans la période idéale de vie en famille monoparentale. Cependant, même dans les conditions optimales, la naissance d'une autre famille provoquera des remous.

2

Les réalités de la recomposition

À l'aube de la recomposition, tout irait pour le mieux s'il n'y avait les réticences de l'enfant. Les nouveaux époux sont confrontés à ses hostiles réactions. Entièrement centrés sur leur bonheur, ils sont souvent surpris et désarmés. Spectateurs inquiets devant des comportements qui deviennent parfois des crises, ils craignent que la situation ne s'éternise et ne soit le lot de leur nouvelle famille. Certains sont alors tentés d'abandonner le navire; mais même si l'avenir paraît houleux, la tempête n'est la plupart du temps que passagère.

Projeté dans un foyer fondé par les adultes, l'enfant subit un choc, même s'il admet que papa ou maman refasse sa vie. L'arrivée du nouveau conjoint et parfois de nouveaux frères et sœurs le menace de plusieurs façons. C'est pourquoi il résiste et réagit.

LES RÉSISTANCES À L'ÉTABLISSEMENT DE LA NOUVELLE FAMILLE

Pour l'enfant, qui espère toujours la réconciliation, le remariage d'un parent est inquiétant car il concrétise la séparation. Ses douleurs sont ravivées ; il n'est pas prêt, de plus, à renoncer à son fantasme. Il résiste donc à l'établissement du nouveau couple. Dans la mesure où il se sent responsable de la rupture, il s'imagine être à l'origine de la réunion. Il est fréquent que les enfants souhaitent secrètement mettre en péril le bonheur des époux afin d'augmenter les chances que leurs parents reprennent la vie commune. Plus le rêve de réconciliation est vivant, plus les résistances envers le nouveau couple sont puissantes.

Comme ses plaies sont ravivées, l'enfant craint d'en subir de nouvelles : que restera-t-il des avantages de sa vie récente ? Qu'adviendra-t-il du lien privilégié tissé depuis la séparation ? Lui demandera-t-on, de surcroît, d'oublier sa précieuse relation avec l'autre parent, celui qui n'a pas sa place au sein du nouveau foyer ? Inquiet de son avenir, frustré, l'enfant ne désire s'impliquer à aucun point de vue. Il a plutôt envie de prouver que cette situation n'a rien de séduisant. Il a son territoire à défendre et est déterminé à camper sur ses positions.

Les formes générales de résistance

Les résistances à la recomposition du foyer s'expriment de différentes façons, allant de petites réticences à coopérer au refus manifeste de la situation :

Depuis deux ans, Martine gagne la majeure partie de son argent de poche en rendant des services à son père et à des gens du voisinage. Mais depuis que la nouvelle compagne de son père s'est installée à la maison avec sa petite fille, elle trouve toujours prétexte à s'absenter quand son père lui demande quelque chose.

Mario, pour sa part, affronte carrément son beau-père quand celui-ci répond à la place de sa mère.

Les résistances des enfants témoignent de leur opposition à la recomposition familiale. Généralement, l'adolescent résiste activement, car la révolte est fréquente à cet âge : les affrontements peuvent prendre l'allure d'une guerre ouverte. La résistance des plus jeunes est souvent plus passive et indirecte :

Une jeune belle-mère observe qu'elle n'arrive jamais à être en tête à tête avec son nouvel époux. Dès que l'occasion se présente, l'un des trois marmots vient quémander quelque chose à son père ou s'installe confortablement sur ses genoux !

Outre l'âge et la personnalité, le temps influence l'intensité des résistances. Plus on fournit à l'enfant l'occasion de se faire à l'idée du remariage et du nouveau foyer, moins forte est son opposition le moment venu. Il n'est pas judicieux de cacher à l'enfant la période de fréquentations, pas plus que de lui imposer une recomposition soudaine. Un amoureux pour maman, c'est au départ moins menaçant qu'un étranger qui prend la place de papa. Un ami pour jouer, c'est plus amusant et moins suspect qu'un nouveau frère avec qui il faut partager sa chambre. L'époque des fréquentations n'est pas exempte de résistances, mais elle donne à l'enfant le temps de s'habituer aux personnes qui partageront bientôt sa demeure, tout en lui fournissant un contexte favorable pour apprendre à les apprécier.

Pour nuire au projet familial, l'enfant dispose de plusieurs stratégies : la plus évidente consiste à tenter d'ébranler le couple. Provoquer la discorde entre les conjoints, les submerger de tâches parentales, déranger leur intimité sont des moyens qui peuvent fragiliser la solidité d'un lien encore récent. D'autres manœuvres visent la démission de l'« intrus », moyen très efficace pour se réapproprier le parent. Que ces tactiques soient franches ou déguisées, le comportement de l'enfant recouvre toujours un certain refus, même une révolte contre ce qu'on veut lui imposer. Plus on tardera à reconnaître ses sentiments, plus il s'acharnera à faire obstacle.

Les oppositions envers le nouvel arrivant

Pour l'enfant, le partenaire du parent représente un danger et c'est pourquoi l'accueil est rebelle. Il le voit tantôt comme un intrus qui s'immisce dans sa vie et en dérange le cours, tantôt comme un rival ou un usurpateur, puisqu'il faudra partager le parent avec lui. Et comme l'étranger menace directement ses espoirs de réconciliation, l'enfant peut aller jusqu'à craindre qu'il ne veuille usurper la place et le rôle de l'autre parent, autrement dit le rayer de sa vie. C'est tout cela à la fois ou l'un ou l'autre de ces territoires qu'il cherche à défendre par son attitude réfractaire :

50

Quoiqu'elle reste par ailleurs tout à fait polie, Maryse ne prend jamais l'initiative d'adresser la parole à la compagne de son père, installée dans sa demeure depuis quelques semaines...

Alors que son nouveau beau-père l'accompagne dans une randonnée à bicyclette dans le quartier, Frédéric fait une chute. Constatant que son vélo est cassé, il abandonne sur-le-champ le beau-père et s'empresse d'aller chercher sa mère pour qu'elle répare les dégâts.

Volontaire ou non, ignorer le nouveau compagnon est une manière subtile de ne pas l'inclure dans le cercle familial. Agissant comme si leur beau-parent n'était pas là, Maryse et Frédéric montrent qu'il n'est pas évident de lui faire une place. Cependant, les gestes et les omissions de l'enfant peuvent dépasser son souhait et la personne concernée peut les interpréter comme une exclusion. Il est pourtant impossible de forcer le contact, de renverser d'emblée les vieux réflexes. Seul le temps est susceptible d'instaurer la confiance.

Tactique plus osée, le rejet vise l'exclusion, pour ne pas dire l'expulsion de l'indésirable :

« On était bien avant que tu arrives. On n'a pas besoin de toi ici. Retourne donc chez toi ! » répond agressivement Sébastien à sa belle-mère lorsqu'elle exige qu'il participe aux tâches ménagères.

Si le message n'est pas compris, pareille attitude peut mener très rapidement à la guerre ouverte. Tout comme dans le classique : « T'es pas mon père ! » ou : « T'es pas ma mère ! », on doit entendre : « Tu n'as pas à me dire ce que je

51

dois faire ! » C'est effectivement la figure parentale que l'enfant cherche à dénoncer en se comportant de la sorte. Même mû par les meilleures intentions, celui qui fait la loi en arrivant s'expose à des difficultés, surtout si le parent ne s'en mêle pas.

Pour des raisons comparables, l'enfant offre souvent une opposition tenace face au beau-parent, contestant ou décriant les nouvelles règles qu'il cherche à instaurer. Certaines stratégies non verbales camouflent le même refus. Un enfant peut, par exemple, ignorer les interventions de son beau-parent en s'appliquant à faire exactement le contraire de ce qu'il souhaitait.

Dans certains cas, cette attitude sert plutôt à défendre le rôle que l'enfant assumait avant l'arrivée du beau-parent :

Après que sa belle-mère a plié les draps et les serviettes et les a soigneusement rangés, Nathalie s'affaire discrètement à les replacer de la façon dont elle avait l'habitude avant le remariage de son père. Le même scénario se reproduit immanquablement pour les boîtes de conserve.

Même si cela soulage l'enfant de ne plus assumer des responsabilités qui ne lui incombaient pas vraiment, il vaut mieux éviter de les lui enlever trop brusquement. La perte soudaine d'un rôle qui le valorisait ne peut qu'augmenter ses raisons de considérer le nouveau venu comme un rival.

Un autre penchant commun aux enfants de famille recomposée consiste à comparer les manières du beau-parent avec celles de l'un ou l'autre des parents. Quand la comparaison touche les membres du nouveau couple, elle concerne le plus souvent des questions discipli- naires et elle s'emploie à résister à l'implantation d'habitudes et de règles étrangères. Quand le parallèle implique le parent absent, la significa- tion n'est pas la même. Dans l'exemple cité plus haut, Nathalie range les draps et les conserves de la façon dont sa mère décédée avait l'habi- tude. En défaisant les gestes de sa belle-mère pour les refaire à la manière de sa mère, elle refuse de laisser la première prendre la place de l'autre. Confronté à une nouvelle figure paren- tale, l'enfant peut idéaliser davantage celle de l'absent.

Par ailleurs, certains couples espèrent réins- taurer une stabilité en remplaçant l'absent par le beau-parent. En voulant diminuer la fréquence des visites, parfois même en les éliminant, ils pensent amoindrir la réalité de l'autre parent et recréer pour l'enfant un noyau comparable à l'ancien. Sauf dans de rares cas où la relation nuit au petit, agir ainsi n'est d'aucun profit. Imposées, ces ruptures sont vécues comme une grande perte, ce qui ajoute aux raisons de se révolter. D'ailleurs, comment l'enfant pourrait-il accueillir favorablement l'étranger si sa venue menace réellement un lien si cher? En de telles circonstances, on ne fait qu'accumuler davan- tage de résistances.

Qu'il soit ou non en mesure de saisir la bonne foi des adultes, l'enfant ne peut accepter une conjoncture qui le prive catégoriquement ou injustement de ses acquis. Quand l'arrivée du nouveau conjoint suscite une transformation trop brusque ou radicale, il s'oppose davantage. Bien des résistances pourraient être évitées si les époux ne cherchaient pas à repartir à neuf et à forcer les choses. Cependant, même dans des conditions favorables, on ne doit pas s'attendre à ce que l'étranger soit accueilli à bras ouverts. Outre qu'elle exige un partage déclenchant la rivalité, son arrivée porte atteinte au rêve de réconciliation. Un certain temps doit donc être accordé pour que l'enfant accepte sa présence et l'apprécie.

Les querelles avec les nouveaux frères et sœurs

S'il est déjà difficile pour l'enfant d'accueillir le conjoint du parent, ne nous attendons pas à ce qu'il se réjouisse de voir arriver ceux qu'il emmène avec lui. Dans les commencements de la recomposition, les enfants des deux familles se disputent à propos de tout et de rien.

Toutes les familles de plus d'un enfant connaissent le phénomène de la rivalité frater-nelle et ses enjeux. Qu'il s'agisse de son domaine privé (jouets, chambre, amis) ou d'un espace plus impalpable (statut, privilèges, place dans le cœur des parents), c'est toujours pour s'appro-prier un territoire ou pour le défendre que l'enfant confronte son pouvoir à celui de son égal. Que ce soit dans une famille intacte ou une famille recomposée, c'est donc pour faire valoir leurs besoins que les enfants se querellent : besoin d'un espace réservé, bien sûr, mais aussi besoin d'amour et de reconnaissance. Dans le cadre d'une recomposition, les affrontements sont encore plus inéluctables, l'arrivée d'enfants étrangers étant plus menaçante et exigeante que celle d'un nouveau-né. Plus il y a de nouveaux venus dans la maison, et plus l'espace physique et relationnel à partager se restreint.

Ce que l'enfant craint le plus, c'est de perdre sa place auprès de son parent. Déjà difficile, le partage avec le nouveau conjoint est davantage tolérable puisqu'il s'effectue sur deux terrains différents, celui de la relation conjugale et celui du lien filial. Mais que penser de ce rival qui est lui aussi un enfant? Le moindre geste affectueux, la moindre parole élogieuse, le plus petit regard attentionné sont perçus au départ comme des menaces. Qu'adviendrait-il si papa ou maman en venait à préférer cet étranger?

Depuis qu'Antoine s'est installé dans la maison avec son père, Natacha a pris la responsabilité de surveiller les faits et gestes de son nouveau frère. Aucune des bêtises qu'il commet n'échappe à son regard, et tout est rapporté consciencieusement à sa mère. Antoine s'amuse pour sa part à provoquer sa nouvelle sœur. Lorsque celle-ci est occupée à jouer, il en profite pour s'installer confortablement sur les genoux de sa mère et lance à la fillette un coup d'œil triomphant. Dans l'espoir de récupérer son bien, Natacha se précipite en pleurant.

Bien des disputes entre frères et sœurs sont destinées à éprouver la loyauté du parent. L'enfant croit que, s'il lui donne raison, s'il prend son parti, c'est qu'il continue à le préférer. Lorsqu'il devient évident que l'enfant cherche querelle pour s'attirer la faveur du parent, il faut répondre à ses appréhensions autant qu'à son comportement. Paroles et gestes répétés viendront à bout de ses résistances s'il est convaincu qu'il a encore sa place. Quand le besoin s'en fait sentir, un tête-à-tête, une sortie particulière suffisent à rassurer l'enfant sur la continuité du lien.

La crainte de perdre leur place est généralement plus vive chez les enfants qui fréquentent la maison occasionnellement alors que ceux du nouveau conjoint y sont installés en permanence. La menace est plus lourde et plus directe, plus réelle et plus intolérable. Dans ces circonstances, il est impérieux de joindre le geste à la parole. Si l'enfant n'est pas convaincu, il en viendra à croire que son parent préfère le nouveau foyer à ses liens biologiques. Cette situation, propice à exacerber la jalousie, peut entraîner une détérioration des relations entre les enfants.

Les disputes entre les nouveaux frères et sœurs comportent des enjeux plus concrets. Les innombrables querelles tournant autour des possessions matérielles visent à assurer la défense du territoire physique :

Lorsqu'ils sont ensemble, Claudia, cinq ans, et Julien, quatre ans, se comportent comme des enfants de deux ans. Indifférent à la présence de l'autre, chacun s'affaire à ses propres jeux, jusqu'au moment inévitable où Julien s'approprie l'un des jouets de sa nouvelle sœur. Claudia laisse aussitôt ses occupations pour tenter de récupérer son bien. Comme Julien refuse de rendre l'objet, le tout se termine par des tiraillements, des coups, des pleurs... et par l'intervention des parents.

Plutôt novice en matière de partage, l'enfant unique a beaucoup de choses à apprendre et l'arrivée d'une sœur ou d'un frère menace plus sérieusement son territoire que la présence passagère de quelques amis. Les querelles à ce sujet sont inévitables : ce sera l'occasion d'essais et d'erreurs par lesquels les petits apprendront le partage, le respect et la négociation. Les parents, par leurs interventions, peuvent les aider à comprendre ce qu'ils ont à gagner à changer d'attitude et lorsque l'occasion se présente, ils doivent les laisser régler eux-mêmes leurs différends. C'est à travers l'expérience directe qu'ils apprennent le mieux à s'adapter les uns aux autres.

La chambre à coucher, espace privilégié, est un lieu particulièrement difficile à partager avec un étranger, surtout pour l'enfant plus âgé habitué à en faire son refuge. Le partage devient alors source de conflits :

Lorsque vient l'heure du coucher, Annita, douze ans, et Sandrine, quatorze ans, n'arrivent jamais à s'entendre. Habituée à lire avant de s'endormir, la plus vieille accuse sa nouvelle sœur de troubler sa concentration en mettant la radio. Habituée pour sa part à s'endormir avec la musique, Annita se défend et rétorque que c'est plutôt la lumière de Sandrine qui est gênante. Voilà donc une occasion rêvée de critiquer les habitudes ridicules de l'autre et de trouver prétexte à la dispute.

Lorsqu'ils recomposent une famille, les parents n'ont pas toujours la possibilité d'offrir à chaque enfant l'espace dont il bénéficiait auparavant. On ne peut forcer l'entente entre eux, mais certains petits changements contribuent à diminuer les frustrations. Lorsqu'on a fourni à

Annita et à Sandrine respectivement un casque stéréo et un éclairage focalisé, elles ont senti qu'on comprenait leur problème. La situation s'est arrangée.

Si ces querelles ont comme but premier de protéger les territoires physique et relationnel, elles ont également d'autres fonctions. Un souhait cher aux parents est la bonne entente. C'est pourquoi, dans les premiers temps, ils sont prompts à intervenir, espérant mettre un terme aux conflits qui les dérangent. Mais plutôt que de régler une fois pour toutes les différends, la réaction des parents peut les entretenir. Si les enfants sentent que, par leurs querelles, ils réussissent à monopoliser l'attention des adultes, ils y verront un moyen efficace d'entraver le projet conjugal. Même si elles ne parviennent pas à porter atteinte au nouveau couple, les disputes répétées empoisonnent l'atmosphère. En rendant la vie commune difficile, voire insupportable, c'est tout le projet familial qu'elles ébranlent.

Étant donné l'effet que ces disputes recherchent, il ne faut pas leur accorder plus d'importance qu'elles n'en méritent. Par leurs querelles, les enfants manifestent leurs frustrations. Pour eux, la vie commune n'est ni si belle ni si facile que leur parent veut l'imaginer. Pour peu que l'on reconnaisse leurs difficultés et que l'on cherche à les réduire, la fréquence et l'intensité des conflits diminuent avec le temps — à condition, bien sûr, que les enfants perçoivent la détermination des adultes à poursuivre la route qu'ils ont choisie.

Les changements envers le parent

Les résistances de l'enfant ne visent pas seulement le beau-parent ou les nouveaux frères et sœurs qu'il considère comme rivaux ; l'enfant en ressent envers son propre parent, qu'il tient souvent responsable de la situation. C'est en effet ce dernier qui, par sa décision de s'engager dans un nouveau projet conjugal, l'a entraîné contre son gré dans la recomposition familiale. S'il espère un retour en arrière, l'enfant sait qui il doit convaincre pour que ses vœux se concrétisent.

Il a mille et une raisons de vouloir retourner à la situation antérieure. Avec la fin de la phase monoparentale, il se trouve confronté à de nouveaux sentiments de perte et projeté dans une aventure qui l'expose à de multiples frustrations. La situation lui semble désavantageuse car il ne voit que ce à quoi il doit renoncer. Triste, inquiet et frustré, il ressent une certaine colère envers le parent, perçu comme l'initiateur du changement. En fait, il a autant de raisons de lui en vouloir qu'il en a de souhaiter un retour en arrière. Le parent peut lui apparaître comme un traître qui opte égoïstement pour son seul bonheur.

Dès l'annonce du projet de recomposition, l'attitude de l'enfant peut être empreinte d'hostilité. Ils sont nombreux à accueillir d'un œil défavorable l'idée même d'un nouveau foyer. Les plus jeunes risquent de devenir boudeurs ou désagréables. Quant aux adolescents, ils ont plutôt tendance à exprimer ouvertement leur désaccord :

« T'es pas sérieux, papa ?... Tu vas pas me faire ça !... On a déjà une famille ! » lance Marc à son père lorsque celui-ci lui annonce son désir de s'installer avec Jocelyne et ses deux fils. « C'est quand même pas toi qui vas faire vivre tout ce monde-là ? continue Marc. En tout cas, moi, j'ai bien assez d'une mère ; que l'autre commence surtout pas à me dire quoi faire ! Et compte pas sur moi pour l'appeler maman ! »

Expression du sentiment d'être trahi, le « Pourquoi me fais-tu cela ? » est une réaction très fréquente. Mais l'enfant ne se voit pas seulement comme une victime de la décision parentale : il a du pouvoir. Il connaît bien son parent, alors il va essayer de le convaincre de revenir sur sa décision. Passé maître dans l'art de toucher la corde sensible, il a plus d'un tour dans son sac. Au début de la recomposition tout comme dans les moments qui la précèdent, argumentation, désapprobation, confrontation, mise en garde, menace, chantage sont autant d'armes pour chercher à influencer la destinée du foyer.

Chantal et sa mère ont vécu seules pendant près de sept ans. Témoin de la bataille personnelle qu'a livrée sa mère après le divorce, la jeune fille connaît les arguments susceptibles de la toucher : « Voyons, maman, je ne peux pas croire que tu as besoin d'un homme à ce point-là... On était bien mieux toutes seules... Je pensais que tu avais fait du chemin depuis que papa t'a laissée ! Tu ne vois pas que tout ce qu'il veut, c'est une femme pour s'occuper de ses enfants ? »

Après avoir dit à son père qu'il désapprouve totalement ses projets, Éric termine par une terrible menace : « En tout cas si tu me fais ça, je retourne chez maman ! »

Depuis trois ans, le conjoint de la mère de Claire s'est installé chez eux ; Claire n'a pas raté une occasion de lui faire la guerre ! Exaspérée par cette lutte, et craignant que ses efforts ne réussissent pas à déloger l'intrus, elle lance un ultimatum à sa mère : « Écoute, maman, je ne peux vraiment pas le supporter ! Si tu ne le mets pas à la porte, c'est moi qui partirai ! »

Ces propos sont ceux d'adolescents ayant vécu seuls avec le parent pendant plusieurs années. Ils illustrent la force et l'énergie qui peuvent être investies pour contrer le projet familial. Bien sûr, l'attitude n'est pas toujours aussi extrême, mais l'enfant ne partage pas l'enthousiasme du parent, qui voit dans la recomposition l'occasion de concrétiser son amour et d'alléger ses charges. En fait, le premier n'a aucun intérêt personnel à quitter ce monde connu qu'est la famille monoparentale. Pour défendre ses intérêts, il choisit les moyens de pression à sa portée.

Chez l'enfant plus jeune, la manipulation prend une forme moins verbale et les manœuvres visent plutôt le nouveau conjoint ou ses enfants :

Sarah, une fillette de six ans, sait choisir le bon moment pour horripiler sa nouvelle belle-mère. C'est toujours lorsque celle-ci lit, regarde son émission de télévision préférée ou parle au téléphone que la fillette agace son jeune frère. Cela se termine évidemment par les hurlements du petit, et Sarah a toujours droit à de sévères réprimandes. Dès le retour de son père, elle s'empresse d'aller raconter sa version des faits. En pleurnichant, elle souligne qu'on la traite de façon aussi injuste que méchante, et que son désir le plus cher est de retourner vivre chez sa mère.

En suscitant l'hostilité de sa belle-mère, Sarah cherche à se montrer comme une malheureuse victime de la vie choisie par son père. Quoique moins direct, le message est le même que celui de l'adolescent : « Comment peux-tu m'imposer cette situation ? Ne vois-tu pas que je souffre ? Si tu ne reviens pas sur ta décision, je te punirai en retournant chez maman ! » Si la manœuvre parvient à ébranler le parent, elle peut être efficace.

Mais pourquoi le parent céderait-il aux reproches ou aux menaces ? S'il se sent lui-même déloyal ou coupable envers sa progéniture, et si de surcroît il n'est pas pleinement convaincu d'avoir fait le meilleur choix, alors il représente un terrain propice à la manipulation. Ces sentiments, même s'ils ne sont que rarement exprimés, font souvent partie des débuts de la recomposition. L'enfant est habile à les saisir et, pour défendre ses intérêts, c'est là-dessus qu'il va jouer.

L'issue du conflit entre les intérêts de l'enfant et ceux du parent dépend de chacune des parties : pour l'une, le refus plus ou moins implacable d'accepter ce qu'on lui impose ; pour l'autre, la volonté plus ou moins ferme de s'engager dans une nouvelle vie. Il arrive que les positions soient incompatibles, et l'on voit parfois des enfants quitter le nid ou tenter de refaire leur vie chez l'autre parent. Pour celui qui a l'impression d'avoir à choisir entre ses liens de sang et sa relation amoureuse, la situation est déchirante, mais dans la plupart des cas, si l'enfant sent la détermination de son parent à poursuivre ses engagements, il cherchera à s'en accommoder. Néanmoins, il aura besoin de s'assurer de sa loyauté :

Dès que sa nouvelle belle-mère raconte un événement important de sa journée, Caroline s'empresse d'accaparer son père avec ses propres histoires.

Lorsque sa mère s'intéresse au fils de son nouveau conjoint, Martin lâche malencontreusement son verre de lait, s'invente un malaise, ou encore trouve un jeu qui nécessite la participation exclusive d'un adulte... Bref, tous les moyens sont bons pour monopoliser l'attention maternelle.

Quand les nouveaux conjoints échangent leurs points de vue sur des questions pratiques (installation des meubles, menus, choix d'une émission de télévision...), Jérémie prend immanquablement le parti de son père comme s'il lui revenait d'assurer sa défense. Dès qu'un conflit surgit entre lui et son nouveau frère, Jérémie se retourne vers son père et cherche son appui.

En monopolisant le parent ou en essayant de former une coalition avec lui, l'enfant tente de défendre une place qu'il estime lui revenir. Voyant ses droits d'ancienneté menacés, il s'inquiète d'être relégué au second plan et cherche à vérifier si le parent lui demeure fidèle. Expression d'une inévitable rivalité, ces agissements visent l'exclusion des étrangers ; mais c'est en réalité le parent qu'ils interpellent : « Qui, de lui ou de moi, choisiras-tu ? Nos liens de sang ne sont-ils pas plus importants que tes nouvelles relations ? À qui accorderas-tu ta faveur ? » Une fois de plus, les sentiments de loyauté et de culpabilité du parent sont mis à l'épreuve, et l'attitude de l'enfant exige de lui qu'il clarifie sa position et qu'il soit à l'aise avec ses choix.

Chaque fois que les résistances se rapportent à la rivalité, nul n'est mieux placé que le parent pour les contrer. En réponse aux inquiétudes de son enfant, le parent devra acquérir l'assurance profonde d'avoir droit au bonheur, mais il devra aussi dire et démontrer que l'amour conjugal n'est pas une entrave au lien filial.

LES RÉPONSES À LA SITUATION NOUVELLE

L'enfant ne fait pas que s'opposer à la recomposition de son foyer. Comme il lui faut se confronter à des changements majeurs et renoncer à la sécurité d'un monde connu, il peut éprouver certaines difficultés. L'acclimatation à sa nouvelle vie ne se déroule pas sans stress ou désarroi. Si l'on songe aux nombreuses adaptations, comme le partage de l'espace physique et relationnel, l'apparition de nouvelles personnes et de nouvelles règles, les modifications plus ou moins importantes du milieu de vie, on comprend aisément que l'enfant en soit affecté. Jusqu'à ce qu'il réussisse à intégrer ces changements, il vit de grands moments d'anxiété.

La diversité des réactions

Chaque enfant arrive dans le nouveau foyer avec ses acquis et ses dilemmes. C'est pourquoi certains traversent le passage en douceur et sans trop de difficultés, alors que d'autres adoptent un comportement extrême. Comme pour tous les événements importants de sa vie, l'enfant réagira de la façon qui lui est propre. Lors de la première rentrée scolaire, par exemple, quelques-uns réagissent si fort qu'ils développent une phobie de l'école. D'autres s'accrochent à leurs parents avec pleurs et supplications, mais au bout d'une semaine, tout est rentré dans l'ordre. Enfin, plusieurs abordent cette étape avec une facilité et un calme apparents.

La réaction de l'enfant ne dépend pas que de lui ; l'influence des parents est toujours importante. Quand un parent a décidé de recomposer une famille, l'enfant peut difficilement rester insensible si l'autre parent regarde d'un mauvais œil ce projet qui lui est étranger. L'accueil qu'on lui réserve au sein du nouveau foyer, de même que la nature et l'importance des changements imposés agissent également sur la qualité de l'adaptation. Enfin, le travail du deuil est certainement capital, car ce qui reste des sentiments mal vécus peut surgir d'une manière intense et inattendue.

Les réactions de type mineur

La plupart des réactions à la recomposition familiale sont mineures et passagères. L'activité et l'intérêt de l'enfant en différents domaines ne sont plus les mêmes. Il devient lunatique, manque de concentration et d'application dans l'exécution de ses tâches. Le rendement scolaire peut être affecté, tout autant que le comportement social et domestique. Ces changements viennent du fait que l'enfant consacre désormais ses efforts à s'adapter à la nouvelle situation. L'énergie nécessaire à la réalisation de ses divers travaux et à l'acquisition des connaissances ne lui est donc pas disponible. À mesure qu'il s'habitue à sa nouvelle vie, il retrouve ses aptitudes initiales.

D'autres réactions mineures peuvent s'ajouter à cette conséquence presque inéluctable. Par exemple, la morosité et une tendance à l'agressivité sont des manifestations liées au deuil en action. Pour l'enfant qui passe de sa famille monoparentale à une famille recomposée, la tristesse et la colère sont des sentiments quasi inévitables. Si l'on favorise leur expression verbale, ces émotions perdent graduellement de leur intensité.

Les réactions à caractère régressif sont courantes :

Gina a deux ans et demi lorsque Clara, sa mère, quitte son mari pour aller vivre avec André, « l'homme de sa vie ». Clara considère qu'elle s'est mariée trop jeune, et puisque André partage ses valeurs et aspirations, elle croit qu'avec lui elle sera vraiment heureuse. Le mari de Clara réagit mal, surtout que ce départ le prive de sa fille.

Gina parle bien pour son âge. Ses phrases et son vocabulaire impressionnant font la fierté de ses parents. Mais au lendemain de son déménagement chez le nouveau conjoint de sa mère, son langage change radicalement. Elle devient renfermée, s'exprime par des gestes et n'emploie que des phrases sommaires, monosyllabiques. Consternation générale. Clara est rongée par la culpabilité : son ex-mari lui en veut. André, quant à lui, se sent mal à l'aise. Trois semaines plus tard, alors que les adultes ne savent pas quoi faire, Gina se remet à parler comme avant. En outre, elle a intégré quelques-unes des expressions préférées d'André.

Face aux difficultés, l'enfant a tendance à revenir à ses comportements antérieurs. Les réactions régressives comprennent la recrudescence des terreurs nocturnes et des peurs, les problèmes de propreté, de langage et les comportements de dépendance. Ce sont des manifestations d'insécurité qui disparaissent généralement à mesure que l'enfant s'adapte à son nouveau cadre de vie. On ne doit donc pas s'alarmer si, par exemple, au début de la recomposition, un bambin se remet à mouiller son lit ou devient soudainement dépendant et accaparant.

Lorsqu'elles sont excessives, ces réactions inquiètent les parents qui se sentent coupables d'imposer de telles épreuves à leur enfant. Pourtant, on ne peut éviter un déménagement, une nouvelle naissance ou une rentrée scolaire. La dramatisation des difficultés a pour effet de les amplifier, car l'insécurité des adultes influence fatalement celle des enfants. Ces réactions sont inévitables : qu'il s'agisse de comportements régressifs, d'attitudes moroses ou agressives, de mauvais résultats scolaires, de manifestations psychosomatiques légères (par exemple, maux de ventre ou de tête), elles s'amenuisent graduellement et finissent par disparaître.

Cependant, il peut arriver que les problèmes s'aggravent : il faut alors s'interroger. Malheureusement, on attribue trop aisément à cette situation de recomposition familiale des réac-

tions et comportements qui sont liés aux difficultés personnelles ou à l'évolution globale de
l'enfant. Devant des échecs scolaires répétés ou
de sérieux dysfonctionnements, il est facile de
dire : « C'est normal, la mère a un nouveau
conjoint! » De tels préjugés détournent l'attention et empêchent d'apporter les correctifs
appropriés.

Si la chronicité s'installe, les parents auront
avantage à consulter un professionnel qualifié.
Le seul doute justifie la consultation. Parfois
une seule visite suffit à clarifier les choses, sans
compter qu'un parent rassuré redevient efficace.

Les réactions plus sérieuses

Lorsque les capacités d'adaptation sont mises
à l'épreuve, le stress peut être si fort qu'il fait
émerger des problèmes latents ou en crée de
nouveaux. Cela peut se produire alors que, dans
des circonstances comparables ou même pires,
une autre personne s'adapterait relativement
bien. Ce qui constitue un événement traumati-
sant varie énormément d'un individu à un autre.
Quand existent des problèmes sous-jacents,
l'événement sert de déclencheur. Ainsi, le décès
d'un parent, un échec scolaire ou une autre circonstance éprouvante peuvent, par exemple,
précipiter une schizophrénie si l'enfant est susceptible de développer cette maladie.

Quoique cela se produise rarement, la
recomposition familiale peut favoriser le développement de problèmes sérieux : manifestations psychosomatiques graves, maladie men-
tale, comportements délinquants ou auto-

destructeurs. Ces symptômes peuvent surgir subitement ou, s'ils étaient déjà présents, s'aggraver. Ils ne sont pas dus aux transformations familiales, bien que la cause leur en soit souvent attribuée. L'enfant présentant un terrain fragile, la symptomatisation aurait pu se développer dans d'autres circonstances difficiles.

Illustrant l'évolution dramatique d'un symptôme dans le cadre d'une restructuration familiale, l'histoire de Luc permet de différencier les réactions graves de celles qui sont mineures et temporaires :

Luc est un enfant de treize ans, asthmatique depuis l'âge de dix-huit mois. À six ans, il réagit très mal au divorce de ses parents. L'ampleur que prennent alors ses crises d'asthme ramène quelque temps son père au bercail, car sa mère ne se sent pas en mesure d'assurer à elle seule la sécurité de l'enfant. Puis les crises s'espacent et s'amoindrissent. Luc s'habitue à vivre seul avec sa mère, tandis qu'il rend visite à son père chaque week-end. Quatre ans après la séparation de ses parents, l'enfant semble contrôler sa maladie. En dix mois, il n'a pas souffert d'une seule crise. Mais alors que sa mère commence à fréquenter un autre homme, ses crises reprennent. Un an plus tard, lorsque lui et sa mère emménagent avec son nouveau compagnon, elles atteignent un paroxysme. Luc frôle la mort à trois reprises. Il doit être hospitalisé. Devant la gravité de la situation, les parents unissent à nouveau leurs efforts et restent à son chevet. Cette période critique est suivie d'une nouvelle accalmie ; mais une semaine après son retour à la maison, Luc avale le contenu d'un flacon d'aspirine. Face à ce geste désespéré et suite au conseil du médecin, les parents consultent un psychologue.

En quelques mois de suivi, Luc apprend, avec l'aide de ses parents, à mieux accepter l'éclatement de sa famille et à mieux faire face aux exigences de sa nouvelle vie. Vers la fin de la thérapie, il explique comment ses parents « s'occupaient si bien de lui » lors de ses crises aiguës, et comment il espérait « les faire revenir ensemble ». Luc n'a plus jamais essayé d'attenter à ses jours et aujourd'hui il maîtrise sa maladie. Malgré le remariage de sa mère et malgré le fait que son père ait à son tour une nouvelle compagne, il n'a plus jamais eu besoin d'être hospitalisé.

Le jeune asthmatique est exposé à une certaine détérioration de son état dans toute circonstance de vie qui implique des émotions fortes. Puisque la séparation et le remariage sont des situations éprouvantes, la recrudescence des crises d'asthme est prévisible. Dans la mesure où l'événement est supportable pour l'individu, elle demeure mineure et passagère. Dans le cas de Luc, l'évolution du symptôme fut dramatique. Les enfants asthmatiques qui apprennent à vivre dans une nouvelle famille ne sont heureusement pas tous sujets à des crises aussi aiguës.

Lorsqu'un enfant connaît de grandes difficultés, il est normal que ses parents soient concernés et l'aident. Mais si ces difficultés réunissent d'une certaine façon les ex-conjoints, l'enfant ne cherchera peut-être pas à les surmonter. En nourrissant le rêve de réconciliation, l'attitude des parents entretient le symptôme. C'est pourquoi il est préférable de prendre soin des malaises là où ils s'expriment, c'est-à-dire dans chacune des deux familles. Bien sûr, l'autre parent peut être mis à contribution, mais d'une manière qui n'alimente pas le fantasme de l'enfant.

À côté des difficultés mineures et passagères auxquelles on peut s'attendre, les réactions graves demandent l'intervention d'un professionnel qualifié.

LES SENTIMENTS D'AMBIVALENCE

Le tableau jusque-là dépeint nous fait atteindre le côté sombre de la situation. En réalité, il est exceptionnel qu'un enfant refuse de s'intégrer à un nouveau foyer. La plupart du temps, le besoin qu'il a d'assurer son avenir le porte à voir les choses d'un regard mitigé. Ainsi, son attitude à l'égard de la recomposition est habituellement plus proche de l'ambivalence que du refus absolu.

Le besoin augmenté de sécurité

Jusqu'à ce qu'ils soient en mesure de subvenir à leurs besoins, les enfants dépendent des adultes tant du point de vue affectif que matériel. À cause de cette dépendance et de la peur de l'abandon, ils se sentent à la merci de leurs aînés. À des degrés divers, ils craignent de leur déplaire et tempèrent en conséquence l'expression de leur mécontentement. Dans certains cas, la peur de l'abandon et le sentiment de culpabilité sont si paralysants que toute trace d'opposition au projet de recomposition familiale est annihilée :

Christophe et Céline consultent au sujet de Thomas, le fils de cette dernière, âgé de sept ans. Ils vivent ensemble depuis deux ans et le trouvent « docile, renfermé, craintif et malheureux ». Comparé à sa sœur aînée, qui s'est bien adaptée, Thomas s'exprime peu, ne sourit jamais et ne dérange personne.

Pour des raisons complexes, Thomas a toujours eu une relation difficile avec son père. Lorsque ce dernier a dû être interné en hôpital psychiatrique, Thomas s'est senti terriblement abandonné et s'est cru responsable de la situation. Au cours de la consultation, il comprend qu'il n'a rien à voir avec le départ de son père et que, quoi qu'il fasse, sa mère ne l'abandonnera pas. Cette prise de conscience diminue ses angoisses, si bien qu'il s'exprime maintenant plus facilement et peut risquer d'être moins docile.

Terrorisé par la peur de l'abandon et écrasé par un intense sentiment de culpabilité, Thomas n'avait jamais rien fait qui puisse démontrer son opposition au nouveau foyer, ne se permettant pas de donner libre cours à des émotions qu'il considérait comme dangereuses. Craignant de susciter un autre départ, celui du beau-père, il avait peur de s'attirer les foudres de sa mère. Pour ne pas risquer de se retrouver seul, il se comportait comme il imaginait que l'on voulait qu'il le fasse.

Si l'extrême apathie de Thomas illustre l'impact dévastateur que peuvent avoir la peur de l'abandon et le sentiment de culpabilité, la plupart des enfants se sentent assez confiants pour exprimer leur opposition. Néanmoins, vu leur dépendance, ils ne savent pas trop où situer leur véritable intérêt. Par certains côtés, ils trouvent rassurante l'idée d'un nouveau foyer. Mais ils se rappellent l'inquiétude provoquée par la première rupture : ils appréhendent de connaître un second éclatement ; surtout, ils n'ont guère envie d'en être tenus responsables.

Comme l'enfant a ses raisons de résister aux changements qu'on lui fait subir, il est tout à fait sain qu'il exprime sa frustration. Il ne souhaite pourtant pas qu'on le laisse dériver : il a plutôt besoin d'adultes qui le comprennent sans se laisser impressionner. C'est pourquoi il ne faut pas lui accorder plus de pouvoir que son jeune âge ne lui permet d'en assumer. Il a droit à ses sentiments, mais il n'a pas à décider de l'avenir conjugal et familial.

Malheureusement, certaines personnes cèdent aux résistances des enfants. Pareille attitude ne tient compte ni de leur besoin de sécurité ni de leur illusion d'être à l'origine des déboires de leur famille. La décision de mettre un terme au projet de recomposition doit être le produit d'une réflexion d'adultes, et non le résultat de pressions exercées pour faire pencher la balance. Si l'on conclut que le nouveau foyer n'est pas viable, les enfants n'ont pas à s'en sentir responsables. Ces considérations ont d'importants retentissements sur ceux qui ont à vivre plusieurs éclatements.

L'allégement des résistances

Si les adultes saisissent le message particulier que l'enfant cherche à adresser en faisant obstacle au nouveau foyer, son désir de s'intégrer se raffermira graduellement. Que l'opposition s'exprime sous forme d'un refus de collaborer, de querelles avec les nouveaux frères et sœurs ou

73

d'hostilité envers le beau-parent, elle cache une peur de perdre quelque chose et un besoin d'être rassuré. Lorsque l'enfant se sent compris, si l'on reconnaît qu'il doit supporter des pertes et si l'on souhaite les minimiser, il finira par baisser les armes, ayant son avenir à assurer.

Si les premières épreuves ne viennent pas menacer leur projet, les époux ont l'occasion d'assurer leur position et d'approfondir leur engagement. Obligé de reconnaître l'irréversibilité de la situation, l'enfant s'ouvre aux avantages que peut lui procurer sa nouvelle vie. C'est donc avec un esprit plus réaliste que tous abordent les phases suivantes dans l'évolution de leur foyer.

3

L'engagement de l'enfant

« Je m'appelle Ève. J'ai quatorze ans. Mes parents sont séparés. Je vis avec mon père et Isabelle, sa nouvelle femme. Mon frère et mon demi-frère habitent avec nous. Ça fait trois ans que nous sommes ensemble. J'ai aussi une petite sœur de un an, dans mon autre maison. Ma mère s'est remariée avec Pierre. Il est très gentil. Je les vois souvent et j'adore m'occuper d'Émilie. »

C'est à peu près de cette façon que beaucoup d'enfants présentent leur nouvelle famille. Règle générale, ils le font en termes simples, directs et factuels. Une fois qu'ils se sont adaptés, leur situation familiale devient un fait de la vie, ni plus, ni moins. Mais avant d'arriver à cette intégration, ils ont dû suivre un certain cheminement.

Après les moments d'inquiétude, et devant la persistance du nouveau couple à rester ensemble, le besoin de sécurité et la curiosité prennent le dessus sur les résistances et les réactions. L'enfant commence à s'éveiller aux possibilités d'expression et d'épanouissement que lui offre sa famille. L'ambivalence se mue

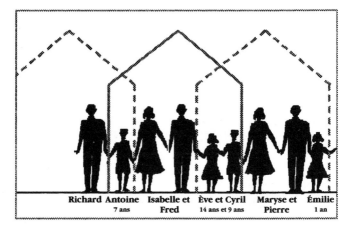

Richard   Antoine   Isabelle et   Ève et Cyril   Maryse et   Émilie
          7 ans   Fred   14 ans et 9 ans   Pierre   1 an

progressivement en une volonté de participation et d'appartenance. La question, pour l'enfant, n'est plus de savoir s'il accepte ce foyer, mais bien comment il en deviendra membre à part entière.

Ce changement d'attitude marque le début d'une autre étape dans l'intégration de l'enfant. Lors de la première phase, ses efforts s'appliquaient à faire le deuil de sa vie antérieure et à s'adapter aux exigences de la nouvelle situation. Il s'évertue maintenant à « faire sa niche », cherchant sa place au sein du complexe relationnel auquel il est confronté. Son attitude glisse vers la négociation et le compromis.

Toute négociation mène à des pertes et à des gains. Le bonheur de l'enfant dans sa nouvelle famille dépend de la place qu'on lui offre, mais il relève aussi de sa capacité à saisir les potentialités actuelles et de sa faculté à renoncer aux avantages antérieurs. La naissance d'un autre foyer va transformer le mode de vie. Liens, rôles et règles sont à redéfinir.

Quels bénéfices peut y trouver l'enfant, et à quels compromis doit-il se résigner? Ève et sa famille illustreront les principaux changements auxquels l'enfant est confronté en devenant membre d'un nouveau foyer.

Lorsque Fred joint son destin à celui d'Isabelle, Ève et son frère, Cyril, sont respectivement âgés de onze et six ans. Fred, Ève et Cyril ont vécu seuls pendant près de trois ans. Isabelle emmène avec elle Antoine, son fils de quatre ans, dont elle a la garde depuis sa séparation d'avec Richard, deux ans auparavant. Richard vit seul et voit Antoine occasionnellement. Quant à Ève et à Cyril, ils rendent régulièrement visite à Maryse, leur mère, et passent une partie des vacances d'été avec elle. À cette époque, Maryse fréquente Pierre depuis peu.

LES RELATIONS
AVEC LES FIGURES PARENTALES

Pour Ève, Cyril et Antoine, la famille est une réalité plus vaste et plus compliquée que celle à laquelle nous sommes généralement habitués. La plupart des enfants du divorce participent à deux noyaux familiaux et, avec l'arrivée d'un nouveau conjoint, les figures parentales se multiplient. Ces circonstances obligent à diverses adaptations : l'enfant doit s'habituer à une nouvelle personne, accepter un nouveau partage et de nouvelles règles; il doit s'adapter au dédoublement de la figure paternelle ou maternelle de même qu'aux disparités entre ses deux familles.

Nouveau rapport avec le parent

Une fois rassuré, Antoine trouve sa nouvelle vie très excitante. Par contre, il est déçu de voir que sa mère dort avec Fred. C'est là un privilège qu'il croyait lui être réservé. Effectivement, durant les deux années qui ont suivi la séparation de ses parents, il se faufilait régulièrement dans le lit de sa mère. Depuis que celle-ci habite avec Fred, il est sommé de regagner ses quartiers et il a dû se résigner à ce changement. Au réveil, il retrouve toutefois une maman heureuse et affectueuse, ce qui contraste avec autrefois. Le matin, elle le serre dans ses bras et le laisse s'adonner à ses activités pendant qu'elle reprend gaiement les siennes. Avant, c'était bien aussi, mais elle le gardait parfois près d'elle pour se consoler. Bien sûr, Antoine doit maintenant partager l'attention maternelle avec Ève et Cyril. À son avis, ces deux-là prennent un peu trop de place...

D'ailleurs, Cyril partage la même opinion en ce qui concerne l'affection de son père pour Antoine. Depuis qu'il vit avec Isabelle, Fred a recommencé à bricoler. Il faut dire qu'auparavant, il n'avait plus d'énergie pour ce passe-temps. Bien sûr, Cyril est heureux d'être invité à nouveau dans l'atelier. Mais malheureusement, Antoine ne se laisse pas évincer si facilement. Cyril soutient qu'il est trop petit pour ces occupations et se plaint qu'il l'empêche de travailler. Pour exercer ses talents de bricoleur, il n'a toutefois d'autre choix que de tolérer la présence du petit. Son père prend toujours le parti d'Antoine, c'est injuste...

Ève a, elle aussi, quelques récriminations à exprimer à l'égard de son père. Après la séparation, elle s'était beaucoup rapprochée de lui. Elle se sentait importante quand il lui confiait ses préoccupations et ses états d'âme, et quand il discutait avec elle de l'éducation de Cyril. Parfois, les confidences de son père la troublaient, et elle trouvait difficile d'avoir à veiller sur son frère ; mais ces nouvelles responsabilités la valorisaient. Avec l'arrivée d'Isabelle, les choses ont beaucoup changé. Elle trouve son père ingrat de l'avoir remplacée si facilement, elle qui s'était tant sacrifiée... Avant qu'il ne vive avec Isabelle, Fred était souvent fatigué et irritable. Maintenant qu'il est plus serein, Ève n'est plus obligée d'être si raisonnable. Plutôt que de s'occuper de son frère, elle passe de longs moments au téléphone avec ses amies, se balade dans les magasins et sort fréquemment. Elle a même entrepris une petite guerre d'indépendance à l'égard des adultes. Son père dit qu'elle est indisciplinée et difficile, et il prétend qu'elle fait sa crise d'adolescence. Somme toute, elle ne se sent pas perdante.

Si l'enfant n'apprécie guère de partager son parent avec d'autres, c'est une expérience tout de même bénéfique. Cette situation lui permet de relativiser sa position par rapport aux autres. Comme il lui faut tantôt céder sa place et tantôt la défendre, il s'initie à l'équilibre entre l'affirmation de soi et la générosité.

Perdre des privilèges est par ailleurs douloureux. Cependant, ces pertes sont habituellement compensées par le fait que l'enfant retrouve un parent plus gai, serein, comblé, détendu, voire disponible. Heureux dans sa nouvelle relation amoureuse, il est souvent plus ouvert pour répondre aux besoins de ses protégés. La perte d'un statut privilégié n'est guère plus réjouissante ; mais retrouver sa place d'enfant est aussi soulageant que douloureux. Au lieu d'être étouffante, la relation avec le parent deviendra plus aérée, permettant à l'enfant une plus grande autonomie. Quant à celui qui endossait un rôle compensatoire, comme celui de parent suppléant ou de conjoint de remplacement, il en sera libéré.

Les nouvelles règles

Cyril trouve que les exigences de son père se sont beaucoup transformées au contact d'Isabelle. Pour certaines choses, il fait preuve de plus de libéralisme, mais pour d'autres... Par exemple, il l'oblige maintenant à faire son lit et à ramasser ses affaires. Imaginez! D'autres changements ne lui plaisent pas du tout : il n'a plus jamais l'occasion de manger dans le salon en regardant la télévision, ni de se coucher à l'heure des grands! Finis les permissions spéciales et les passe-droits... Il n'y a pas de doute, son père était bien plus gentil avant. Aujourd'hui, il qualifie de caprices les demandes de Cyril. Par contre, il lui permet de porter les vêtements qui lui plaisent et de se servir dans le garde-manger. Il faut dire que Cyril avait un argument de poids pour négocier ce dernier avantage : il a fait valoir qu'Isabelle accordait déjà à Antoine, de deux ans son cadet, le libre accès au garde-manger!

L'arrivée du nouveau conjoint donne presque toujours lieu à une renégociation des règles internes, les exigences respectives des adultes finissant par se fondre en un nouveau tout. L'enfant est exposé tantôt à plus de souplesse, tantôt à plus de fermeté. Évidemment, cela ne fait pas toujours son bonheur, mais une fois qu'il sait clairement ce qu'on attend de lui, il s'adapte assez facilement.

La plupart du temps, le parent devient moins changeant et moins hésitant envers l'enfant. Fort de l'appui d'un autre adulte, exposé à des idées différentes, il améliore ses décisions et ses pratiques éducatives. En fait, les efforts conjugués des nouveaux partenaires fournissent un encadrement généralement plus complet. C'est un bénéfice de la recomposition que l'enfant n'est pas toujours en mesure d'apprécier.

La relation avec le nouveau parent

Pour Antoine, tout ce qui s'agite est une source d'intérêt et de contemplation sans bornes. Or, Fred n'est pas que bricoleur, il est aussi amateur de plein air. Aux yeux du petit, rien ne peut égaler leurs parties de pêche en famille. Antoine a d'ailleurs appris à se comporter d'après « l'évangile selon saint Fred » et à ne pas y déroger sous peine de rester sur la terre ferme ! Il ne dit mot, fixe lui-même son appât, ne pleure pas si un poisson lui échappe. Pourtant les choses n'ont pas toujours été aussi roses entre Antoine et Fred... Avant, Antoine n'osait pas trop s'approcher de cet homme imposant. Avec sa voix de baryton et son physique plutôt costaud, Fred ne ressemble pas du tout au genre d'homme auquel il était habitué. Quand il tentait de nouer un lien, ça n'allait pas du tout : Antoine se réfugiait dans les bras de sa mère en pleurant. Puis, lentement, il s'est laissé séduire par son nouveau parent.

Pour sa part, Cyril en veut à Isabelle d'avoir une si grande influence sur son père. En plus de l'avoir poussé à devenir plus exigeant, elle a réussi à contrôler l'entrée des friandises dans la maison. Heureusement, ses talents de pâtissière compensent ce défaut !

Avant son arrivée, tartes, gâteaux et délices à la crème ne faisaient jamais partie du menu.

Ève trouve Isabelle correcte, mais elle lui garde rancune de lui avoir volé la vedette. Il lui arrive encore de croire qu'il n'y a pas assez de place pour elles deux sous le même toit. Elle trouve difficile de se soumettre à son autorité. Mais elle n'a pas le choix car, dit-elle, son père prend toujours le parti d'Isabelle. Parfois, Ève songe à déménager chez sa mère... Cependant, dans les bons jours, toutes deux parviennent à parler en femmes. Isabelle semble mieux la comprendre que ses parents. Surtout, elle ne la juge pas. Son père et sa mère s'inquiètent trop facilement et lui font la morale... Isabelle a un goût sûr pour la mode et le maquillage : ses conseils sont appréciés.

D'instinct, l'enfant trouve ce qui lui convient dans ce qu'ont à offrir les adultes qui gravitent autour de lui. S'il a des récriminations envers son beau-parent, il sent cependant ce que cette personne peut lui apporter. Sa personnalité, ses goûts, ses intérêts, ses qualités personnelles et même ses talents d'éducateur ou de modérateur sont autant de ressources nouvelles et vivifiantes dont l'enfant peut bénéficier. Si le conjoint lui fournit un sol fertile, composé de patience, de sensibilité et de disponibilité, il réussit à se faire une place dans sa vie. Si la durée le permet, l'enfant acquiert véritablement un nouveau parent. C'est un modèle de plus qui s'ajoute à l'éventail des richesses accessibles.

La complexité d'avoir deux pères ou deux mères

Antoine ne manque jamais une occasion de relater les aventures et les exploits qu'il a vécus avec son père. Comme les copains du voisinage savent qu'il a deux pères, il ajoute, histoire de bien se faire comprendre, qu'il ne s'agit pas de son vrai père, mais bien de Fred. Quand l'auditoire est étranger, de telles explications s'avèrent laborieuses : c'est pourquoi il lui arrive d'omettre ces précisions.

Depuis le remariage de Maryse, sa mère, Cyril se sent sur le même pied qu'Antoine. Il a, lui aussi, son deuxième père : Pierre. C'est du moins ce qu'il affirme quand il en parle avec son demi-frère. Mais il ne faut pas choquer l'oreille de papa... Aussi, lorsqu'il raconte à la famille ce qu'il a fait en fin de semaine, Pierre reste Pierre. Cyril a déjà sa deuxième mère, qu'Antoine se le tienne pour dit : voilà un avantage incontestable. Et gardons-nous de chatouiller les sensibilités !

Pour Ève, Isabelle reste l'amoureuse de son père. Après tout, on n'a qu'une mère. Cela n'enlève rien à l'estime qu'elle a pour elle. Avant de refaire sa vie, sa mère Maryse voyait d'un mauvais œil l'arrivée de cette femme dans la vie de ses enfants. À l'époque, elle songeait même à réclamer la garde. Mais les choses se sont tassées et elle a compris qu'Ève lui resterait fidèle. Pour les mêmes raisons, Pierre reste Pierre, le conjoint de sa mère.

Le dédoublement des figures maternelle et paternelle est de prime abord source de déchirements pour l'enfant. Comment s'attacher à un beau-père quand on a déjà un père ? Est-il permis d'aimer une belle-mère ? Que penseront papa ou maman, si je deviens proche de leur rival ? L'enfant, qui veut rester fidèle à ses parents, craint de trahir ses premiers liens en se laissant séduire. Plus il est avancé en âge et plus il est lié à son parent, plus le souci d'être fidèle et la hantise de trahir sont importants. Pour cette raison, seuls les très jeunes enfants ont tendance à nommer leur beau-parent « papa » ou « maman », les plus âgés le désignant généralement par son prénom. Ces façons de faire n'ont rien à voir avec l'amour et l'affection qu'un enfant voue à l'un ou l'autre des adultes. Aussi ne doit-on pas s'en offusquer. Si un parent demeure impliqué, il ne perdra jamais sa place dans le cœur de son enfant. Quant au beau-parent persévérant, il finira par conquérir une place à sa mesure.

Pour résoudre son dilemme, l'enfant a besoin de la collaboration des adultes. S'il voit qu'on le laisse libre de s'attacher et s'il sent qu'on respecte son souci de loyauté, il s'adaptera plus rapidement au dédoublement des figures parentales. Lorsque, au contraire, on se bat pour l'exclusivité, il éprouve des difficultés. Les enfants bien adaptés à leur famille recomposée parlent sans détour de leurs trois ou quatre parents, en ajoutant les nuances qui s'imposent pour préserver les premières loyautés. À l'âge d'Antoine et de Cyril, par exemple, ils racontent qu'ils ont deux mères ou discutent candidement de leur « vrai père » et de leur « faux père ».

Lorsqu'on leur fournit l'occasion de surmonter leurs dilemmes, les enfants savent profiter de ce que chaque adulte peut leur offrir. Cela laisse entrevoir les possibilités appréciables que recèlent deux unités familiales. Recueillis par des personnes supplémentaires qui, en règle générale, recherchent leur bien-être, ils voient leur vie enrichie de nouvelles figures de proue. Sans l'apport d'Isabelle, Fred, Maryse, Pierre et Richard, l'existence de nos trois enfants témoins ne serait pas la même. Il est permis d'espérer que, grâce aux efforts conjugués des adultes, ils deviennent de meilleures personnes.

La complexité d'avoir deux maisons, deux modes de vie

Pour l'enfant, la participation à deux noyaux familiaux comporte une autre complexité. D'une maison à l'autre, les attentes, les règles, les habitudes, les valeurs sont différentes et parfois même contradictoires :

Chez Isabelle et Fred, on souhaite que les enfants pensent à se rendre utiles. Par exemple, si lors du repas, il manque quelque chose à table, il est bien vu que l'un d'entre eux complète le service. Chez Maryse et Pierre, au contraire, mettre la table est une prérogative maternelle, si bien qu'il ne faut surtout pas se lever avant que tous aient terminé. On retrouve ce genre de nuances pour d'autres aspects de la vie courante.

Les parents s'inquiètent souvent de ces différences et pensent que leurs enfants ne sauront plus sur quel pied danser. Malgré ces craintes, dans les faits, les enfants s'adaptent assez facilement. Dans la mesure où, de part et d'autre, les règles sont claires, les différences ne portent pas à confusion. Lorsque les adultes ne passent pas leur temps à critiquer l'autre foyer, les jeunes ont vite fait de les intégrer.

Dans leur vie sociale, les enfants ont à s'adapter à divers milieux : ceux de la garderie, de l'école, des activités récréatives, sportives ou culturelles. Dans chacun de ces contextes, l'enfant est exposé à des règles, des valeurs, des attentes qui peuvent contraster avec ce qu'on lui enseigne à la maison. L'adaptation n'est pas en soi problématique. Bien au contraire, il s'agit d'un acquis très utile pour la vie en société. Cependant, la disparité des modes de vie ne va pas sans difficulté :

Selon Fred et Isabelle, Ève est très habile à relever les particularités de ses deux milieux de vie. Elle le fait toujours de manière à chatouiller l'orgueil des adultes : « Maman a l'esprit bien plus ouvert » ; « Pierre, lui, ne s'en mêle pas... » Bien que moins habiles, Cyril et Antoine ont tenté leur chance. Particulièrement entêté, Cyril trouve maintes occasions pour montrer sa désapprobation : « Chez maman, je peux me coucher bien plus tard... je ne suis pas obligé de manger mes légumes pour avoir droit au dessert... je n'ai pas à faire mon lit, c'est elle qui le fait... » Ce harcèlement comparatif a poussé Fred et Isabelle à lancer cette déclaration d'indépendance : « Les choses sont peut-être différentes chez ta mère, mais ici, c'est nous qui décidons ! » Devant l'aspect non négociable de cette affirmation, Cyril ne peut maintenant que soupirer : « C'est pas juste !... »

Les adultes n'ignorent pas qu'une part de la vie des enfants leur échappe, et qu'à l'intérieur de leur propre foyer, parent et beau-parent ne sont pas tout à fait sur le même pied d'égalité.

La famille recomposée, de par sa structure et son contexte, est une proie pour la manipulation. Mais l'enfant qui cherche à tirer avantage de la situation n'est pas différent de ceux, très nombreux, qui comparent les règles auxquelles on les soumet à celles du voisin, de l'ami ou de la moyenne générale. Rien d'étonnant à ce que l'exercice s'opère toujours au profit de plus de permissivité ou d'une plus grande liberté.

Pour contrer cette tendance, les adultes doivent se faire une idée assez précise de ce qui leur convient et de ce qu'ils souhaitent inculquer. On n'élève pas ses protégés d'une manière identique à celle du voisin, car on ne laisse pas la loi de l'uniformité guider ses choix éducatifs. En famille intacte comme en famille recomposée, on doit tenir compte de ses propres besoins en établissant des règles. Chez Isabelle et Fred, les choses ne peuvent être exactement les mêmes que chez Maryse et Pierre. Dans la mesure où chaque foyer respecte les choix de l'autre, les enfants ne souffrent pas de cette situation. Pour eux, complexité est synonyme de diversité. Exposés à d'autres valeurs, habitudes, styles parentaux, ils élargissent leur horizon et apprennent la relativité des choix de vie.

LA PARENTÉ NOUVELLE

Les horizons d'une parenté nouvelle s'ouvrent aussi à l'enfant qui devient membre d'une famille recomposée. Qu'il s'agisse de frères et sœurs, de grands-parents, d'oncles, de tantes ou de cousins, ces personnes qui gravitent autour de lui enrichissent généralement sa vie. Héritage inattendu du remariage de ses parents, l'élargissement de la parenté peut contribuer à sa meilleure adaptation.

Les nouveaux frères et sœurs

Par un beau dimanche matin, une odeur de parfum pénètre dans la chambre des parents. Un mélange de rires et de craquements réveille Fred et Isabelle. Ils reconnaissent peu à peu les gloussements d'Antoine et les ricanements de Cyril. Qu'est-ce que cela signifie ? Cette célébration matinale contraste avec les séances habituelles de : « C'est à moi ! Non, c'est le mien ! Papa ! Maman !... » La curiosité les tire hors du lit.

Le spectacle qui s'offre à leurs yeux est incroyable : une marée de fleurs séchées recouvre le tapis. Se frayant un chemin tant bien que mal, Fred retrouve nos deux compères qui se sentent visiblement plus ravis que coupables. Assis sur le divan, ils ont l'air très fiers de leur mauvais coup. Là où une sainte colère aurait dû s'imposer, Fred ne profère que quelques remontrances pas très convaincantes... En réalité, il est heureux que d'ennemis avoués, Antoine et Cyril soient devenus complices.

Marquant un tournant dans les rapports entre Cyril et Antoine, cette anecdote mémorable ressemble à d'autres événements plus ou moins anodins qui signalent la fin des résistances. L'enfant entrevoit maintenant les possibilités et les richesses que lui procure sa nouvelle existence. Aussi ne fait-il plus éternellement appel à son parent pour qu'il règle ses différends avec ses demi-frères et sœurs. Bien sûr, la rivalité subsiste, mais elle ne vise plus à nuire au projet des adultes. Elle sert plutôt à délimiter et à défendre les nouveaux territoires. À mesure que les positions se raffermissent, la connivence et la complicité s'installent. Les alliances biologiques se subordonnent graduellement à ces nouvelles loyautés, et parents et enfants en viennent à occuper clairement leurs champs respectifs dans le giron familial.

Avec l'apparition de nouveaux frères et sœurs, les possibilités relationnelles se multiplient, mais tout cela ne va pas sans un certain renoncement :

Cyril se rappelle l'époque où Ève était sa seule compagne de jeux. Comme celle-ci s'érigeait en maître de cérémonie, il lui fallait se résigner à jouer à la poupée et autres jeux de fille, selon les règles et les convenances de Mademoiselle. Avec Antoine, il peut maintenant s'adonner à des activités plus intéressantes et plus diversifiées... Sans compter que désormais, les initiatives et les prérogatives lui reviennent... Cependant, Cyril ne s'est pas élevé à sa position de « leader » sans faire de concession. Habitué à être le benjamin, il n'a guère apprécié de se faire rafler sa place par le nouveau cadet. Depuis le coup des fleurs séchées, il trouve des avantages à son nouveau statut d'aîné des garçons.

Ève se félicite de cette situation. Cyril ne cherche plus à l'accaparer comme avant. Il n'agit plus comme s'il était son ombre. Surtout, elle n'a plus à se plaindre de le voir voler ses effets personnels... Elle peut, tout comme son frère, se consacrer à de nouvelles activités. Pourtant, quand ces monstres de garçons ne trouvent rien de mieux que de s'amuser à l'ennuyer, elle est confrontée à leurs efforts conjugués...

Antoine était fils unique au départ. Maintenant, il a son demi-frère et sa demi-sœur, comme il les appelle. Mais ce cadeau a un prix : il a dû se rendre à l'évidence qu'il n'était pas la seule étoile dans le firmament parental. Il a fait le dur apprentissage du partage et de l'humilité. D'après Isabelle, Antoine s'est transformé. Plus sociable, il cherche moins à plaire et à séduire, et s'adonne davantage à des activités d'enfant. L'exemple d'Ève et de Cyril l'a stimulé et il a fait des progrès notables en ce qui concerne le langage, la compréhension et l'autonomie.

Lorsque Cyril est né, Ève attendait une sœur plutôt qu'un frère. Mais tout ceci n'a plus d'importance puisqu'il y a maintenant Émilie. La seule chose qu'elle déplore, c'est de ne pouvoir la chouchouter plus souvent. À leur âge, Cyril et Antoine ne tolèrent plus les embrassades. Quand elle en a l'occasion, elle en profite avec Émilie, qu'elle trouve absolument adorable...

L'arrivée de nouveaux frères et sœurs transforme nécessairement l'expérience familiale de l'enfant. Certains connaissent un changement de rang et doivent céder leur place d'aîné ou de cadet à un nouveau venu, ce qui est toujours source de difficultés. Mais à chacune des positions se rattachent des privilèges. Après une période d'adaptation, l'enfant y trouve son compte.

De fait, la famille recomposée exige que l'enfant reconnaisse sa place dans un ensemble plus vaste, ce qui le rend plus sociable et plus flexible. La vie en société impose un rang et une condition. Lorsque nous apprenons à en tirer le meilleur parti, nous sommes plus heureux. Si l'enfant réussit à assumer les pertes liées à l'arrivée de demi-frères et sœurs, l'exploration des possibilités et des limites lui est enrichissante.

La recomposition peut également être profitable à l'enfant unique s'il souffre du partage nouveau de ses privilèges, il trouve par contre un compagnon de jeux et un complice face au monde adulte. Dans le contexte actuel de dénatalité, plusieurs enfants perçoivent cela comme une chance inespérée. Ils sont heureux d'accueillir de nouveaux frères et sœurs.

Celui qui n'est pas enfant unique peut aussi trouver avantage à cette situation. Il peut par exemple gagner des partenaires de jeux plus adéquats, plus de son âge, de son sexe, de sa personnalité. Un plus grand nombre de personnes offrent plus de possibilités à explorer, donc plus de richesse. Certes, la nouveauté modifie les rapports préexistants entre frères et sœurs. Certains trouvent le compagnon idéal, d'autres se sentent exclus, mais l'élargissement de la communauté est l'occasion d'un dépassement de soi. Comme dans toutes les familles, les relations entre frères et sœurs ne sont pas exemptes de jalousie, de rivalité, de chantage affectif. Exposé à des situations qui font appel au meilleur de lui-même, l'enfant apprend, petit à petit, le partage et la générosité.

Comme l'enfant participe à deux noyaux familiaux, il a parfois l'occasion d'acquérir deux groupes de frères et sœurs différents. De la sorte, il double ses chances de se lier, d'apprendre, de partager.

Les grands-parents

Depuis qu'Antoine appartient à un nouveau foyer, un mot s'est ajouté à son vocabulaire : « papy ». Ce personnage au rire chaleureux invite souvent les deux garçons pour leur faire le récit de ses nombreux voyages, livres et photos à l'appui. Quelle chance d'avoir maintenant son grand-père !

Comme les parents sont là pour assurer les soins et l'éducation de leurs enfants, les grands-parents peuvent se consacrer à tout autre chose. Les attentions et les friandises qu'ils distribuent font toujours le bonheur de leurs petits-enfants. Ils ont du temps pour leur transmettre la sagesse, l'espoir ou l'amour de la vie. Tous ceux qui ont eu l'occasion de côtoyer, étant petits, un grand-parent tendre et généreux, gardent toujours ces précieux souvenirs. C'est pourquoi l'arrivée d'un grand-père ou d'une grand-mère dans la famille représente presque à chaque fois un avantage. Pour Antoine, qui n'a pas eu la chance de connaître ses deux grands-pères, le bénéfice est d'autant plus important.

Il y a deux ans, juste avant Noël, Ève et Cyril reçoivent chacun une carte de vœux. Tous accueillent ce courrier avec une certaine gêne : mammy Irène aurait-elle oublié Antoine ? Faisant preuve d'une sagesse incontestable, celui-ci tente de diminuer le malaise en déclarant : « De toute façon, c'est bien plus votre grand-mère que la mienne. » Les positions dans la famille n'étant pas encore bien établies, le soulagement est général lorsque, dans le courrier du lendemain, une carte arrive à son nom, signée : « Ta mammy qui t'aime, Irène. »

La recomposition d'une famille impose aux individus d'accueillir des personnes avec lesquelles, auparavant, ils n'avaient aucun lien. La plupart du temps, cette situation provoque un malaise : que faire de ces enfants et de leur parent ? Doit-on considérer qu'ils font maintenant partie de la lignée ? À quels privilèges peut-on les laisser accéder ? Qu'en penseront les autres membres de la famille ? Si l'importance accordée aux liens du sang peut parfois nuire à l'intégration des nouveaux venus, la majorité des grands-parents trouvent, au bout d'un certain temps, une façon équitable de composer avec ces questions.

Quant à l'enfant, il partage déjà ses grands-parents avec les cousins et cousines. Aussi, la perte d'exclusivité liée à l'arrivée de nouveaux frères et sœurs n'est-elle que rarement douloureuse. Les enfants semblent voir en leurs aïeuls des sources intarissables de bonté, d'affection, de privilèges. En ce sens, ils ne craignent pas d'en avoir moins sous prétexte que d'autres mains se tendent. Bien au contraire, ils ont vite fait de s'assurer que le demi-frère ou la demi-sœur aura son dû. Ce souci d'équité peut d'ailleurs être profitable quand les nouveaux frères et sœurs ont également un grand-père ou une grand-mère à partager :

Antoine a aussi une grand-mère bien à lui. Mammy Louise se plaît à ramasser toute sorte de petits trésors qui font le bonheur des enfants. À chaque visite, elle distribue sa récolte... Au début, Antoine se croyait obligé de rappeler la présence d'Ève et de Cyril. Maintenant, il sait que mammy

Louise ne les oublie jamais ou que, si les cadeaux ne sont pas appropriés, ils auront leur tour la prochaine fois.

Par le biais du remariage de leurs parents, certains enfants se retrouvent avec trois ou quatre grands-mères ou grands-pères, ce qui multiplie d'autant les privilèges et les cadeaux!

La famille élargie

Pour Ève, les visites à ses deux familles sont toujours excitantes. D'un côté comme de l'autre, elle y trouve son compte. Elle aime revoir ses deux cousines qui, parce qu'elle est leur aînée de quelques années, lui vouent une admiration sans bornes. Mais elle apprécie tout autant le fait d'avoir trouvé, du côté d'Antoine, deux cousins et une cousine de son âge. La seule chose malheureuse, c'est qu'on ne peut être partout à la fois!

Pour la majorité des enfants, avoir de nouveaux cousins et cousines est une chance. Dans les familles peu nombreuses d'aujourd'hui, c'est encore plus apprécié. À moins qu'on ne leur enseigne la mesquinerie, ils ont tôt fait d'intégrer les nouveaux venus dans leurs jeux. La renégociation des rapports se fait selon l'âge, le sexe, la personnalité et les affinités.

Avec le temps, oncles ou tantes, parent et beau-parent du nouveau frère ou de la nouvelle sœur peuvent également enrichir l'univers de l'enfant :

94

Une fois l'an, histoire de faire plaisir à Cyril, Maryse et Pierre lui proposent d'emmener Antoine avec eux dans leur maison de campagne. Ce week-end spécial est toujours très apprécié... Il y a aussi tante Hélène, la jeune sœur d'Isabelle ; elle n'a pas d'enfants, mais adore leur compagnie. Elle offre à qui veut l'entendre des randonnées pédestres, des visites au zoo, des sorties au cinéma...

La famille recomposée fournit à l'enfant l'occasion de voir sa famille s'agrandir. En ce sens, elle partage certaines des qualités que l'on reconnaît volontiers à la famille étendue d'autrefois : accès à un plus grand nombre de personnes dans l'entourage immédiat, possibilités accrues d'entraide et d'affection, sentiment d'appartenance à un ensemble plus vaste. Sans doute s'agit-il ici du gain le plus important pour l'enfant. Et si tout se passe bien, il saura rendre positivement ce qu'on lui a donné.

4

L'expérience des enfants vécue par tranches d'âge

Tous les enfants sont uniques, mais au-delà de leurs différences, ils ont tous à faire face aux mêmes processus de développement. Le tout-petit doit acquérir un sentiment de sécurité et une confiance en lui-même et en ceux qui l'entourent. L'enfant scolarisé apprend à vivre avec les autres et à intégrer certaines connaissances essentielles à sa participation à la société. L'adolescent doit combler le fossé qui le sépare de l'âge adulte et se préparer à voler de ses propres ailes. Chaque tranche d'âge comporte des défis, et la recomposition ne se vit pas de la même façon dans un foyer qui compte des tout-petits et dans un autre qui compte plutôt des adolescents.

À LA PETITE ENFANCE

L'enfant en bas âge évolue dans un monde fascinant, mais parfois effrayant. Dans son univers, le rêve et la réalité se côtoient intimement et l'imaginaire se confond au réel. Croyant que ses pensées et ses sentiments se transforment en réalité, il peut réduire le monde à des dimensions qui lui sont plus accessibles, le transformer à son image selon ses désirs et faire disparaître ce qui ne lui convient pas. Cependant, son illusion de toute-puissance peut revêtir de pouvoirs menaçants ces monstres et autres représentations imaginaires.

Puisque la séparation de ses parents le prive de la tranquillité de son univers familier, le rêve de réconciliation devient une soupape de sécurité. Il s'y accroche fermement, et là où les événements échappent à son contrôle et à sa compréhension, il les ramène à lui en se rendant coupable de l'éclatement familial. C'est à partir de cette faute imaginaire et secrète qu'il tente de regagner, par la réparation du mal, la sécurité perdue. En face de son fantasme, la réalité n'est qu'un obstacle minime. Ainsi, il continue à croire possible la réalisation de son désir même s'il sait que le nouveau couple sera durable. Il suggérera, par exemple, qu'on emménage dans le même immeuble où habite son père.

Il a aussi une conscience aiguë de sa dépendance. Plus qu'à tout autre âge, ses besoins affectifs et matériels essentiels à sa survie sont assurés par son entourage. C'est pourquoi sa peur d'être délaissé ou abandonné le préoccupe tant. Cette angoisse se perçoit dans la plupart de ses réactions lors de la recomposition du foyer comme lors de la séparation parentale.

L'arrivée de nouvelles personnes dans la famille transforme le contexte relationnel, la routine quotidienne et le décor familier. Parce qu'ils bouleversent l'environnement duquel il dépend, ces changements le plongent dans l'insécurité. C'est pourquoi son monde imaginaire fait irruption sous forme de cauchemars et de peurs excessives. Certains craignent la rencontre avec un monstre, un loup, un voleur ou une sorcière et exigent d'être accompagnés dans leur chambre pour aller chercher un jouet. D'autres se réveillent en pleurs et se montrent inconsolables. Ces réactions sont des manifestations d'angoisse.

D'autres réactions, régressives, sont typiques de cet âge. Le retour aux couches et au babillage est courant : le tout-petit peut faire appel aux adultes dans des situations où jusque-là il avait acquis une certaine autonomie ; il lui arrive de ne plus vouloir se vêtir seul, de ne plus accepter de jouer sans surveillance, de ne plus tolérer d'attente lors de ses demandes... En se privant de ses compétences antérieures, l'enfant sollicite davantage d'attention de la part du principal survivant de son ancien monde.

Occasionnellement, le petit se retire dans un mutisme boudeur, feignant d'ignorer le parent et lui refusant son affection. L'alternance entre des comportements d'opposition et de sollicitation exprime ses sentiments d'abandon : « Je suis en colère contre toi parce que tu me délaisses, mais j'ai si peur que tu ne me quittes que je m'accrocherai à toi de toutes mes forces. »

L'enfant peut devenir capricieux. Soudainement, il ne veut plus manger ses céréales ; il désire porter ses chaussures rouges à tout prix ; il réclame la cuillère de papa, car les petits ustensiles ne lui conviennent plus... Ce sont d'autres façons d'attirer l'attention du parent.

De façon générale, on peut s'attendre à ce que

le petit soit plus agité, irritable et difficile, et qu'il fasse justement ce qu'on lui interdit. Ses réactions diverses peuvent irriter les adultes, mais c'est la seule manière dont il dispose pour exprimer ses inquiétudes et son mécontentement. Bientôt, son nouvel environnement lui deviendra familier, et si on lui procure l'affection et les soins dont il a besoin, il abandonnera ses comportements de dépendance et d'opposition, reprenant graduellement son cheminement là où il l'avait laissé.

La présence psychologique et les caresses sont des langages qu'il comprend bien et qui favorisent son sentiment de sécurité. Une plus grande disponibilité à des moments privilégiés, comme le bain, les repas, le rassure. Nous pouvons l'aider à exprimer par la parole ce qu'il ressent. En lui prêtant nos mots pour qu'il nomme ses sentiments, nous contribuerons à le soulager de son impuissance. Malgré son jeune âge, il s'ouvre lorsqu'on lui parle. Il a besoin de connaître les véritables causes de la rupture et d'entendre qu'on ne l'abandonnera pas.

Si, devant des manifestations régressives, le parent retire son affection et afflige l'enfant de son mécontentement, cela minera son sentiment de sécurité déjà ébranlé. Une tendre fermeté est ce dont il a besoin. Envers les caprices, il faut mettre bien sûr des limites et les tenir. Les parents plient, parfois, mais à la longue, c'est un obstacle. Lorsque l'enfant va chercher l'attention négative, l'ignorer est la meilleure réaction. On accroîtra l'attention envers les comportements désirables au détriment de ceux qui ne le sont pas. La plupart des parents utilisent ces moyens intuitivement. Dans le feu de la recomposition, il est utile de se rappeler que l'attention positive est la plus propice pour favoriser le sentiment de sécurité.

Les jeunes enfants ont aussi leurs propres façons de se rassurer. L'une de celles-ci est la compagnie d'objets préférés. Une couverture, un petit oreiller, un animal en peluche, une poupée, toutes ces choses peuvent servir de substitut à l'objet de sécurité premier qu'est maman ou papa. Elles permettent au petit de faire la transition d'une dépendance absolue vers une autonomie croissante. Le « doudou » ou le « nounou » devrait faire partie de tout déménagement, son rôle est important. À côté de ces objets transitionnels, le compagnon imaginaire peut, lui aussi, jouer un rôle semblable. Il faut bien l'accueillir au sein du nouveau foyer.

En résumé, le tout-petit s'adapte assez facilement à la recomposition, à condition que les adultes le prennent en charge et favorisent son sentiment de sécurité. À cet âge, la sécurité est liée aux personnes immédiates. Dans le sens où celle-ci se réfère à la présence du parent, elle l'accompagne dans son nouveau foyer. Pour l'enfant plus âgé, les choses ne sont pas aussi simples.

À L'ÂGE DU PRIMAIRE

L'enfant du primaire évolue dans un univers aux dimensions beaucoup plus vastes que celles du tout-petit. Il partage sa vie entre son quartier, l'école, et bien sûr le milieu familial. Comme le lieu de sa participation à la vie sociale demeure étroitement lié aux choix des adultes, la re-composition peut brusquement bouleverser les structures de son existence. Ses sentiments de perte risquent d'être intenses si, en plus de ses acquis menacés, il doit renoncer à des êtres et à des endroits auxquels il est attaché.

À l'aise sur le plan verbal et conscient de ce qui est à lui, l'enfant du primaire est plus déran-geant que le bambin. Passablement bousculé par les événements, il intègre son nouveau foyer après avoir résisté, ce qui est compréhensible. Son opposition au projet familial s'exprime avec force et candeur. S'il est encore hanté par un sentiment de responsabilité envers l'éclatement familial, il se croira capable de provoquer un retour en arrière. Il sera agressif à maintes occa-sions pour déranger la nouvelle union.

Comme il conserve certaines caractéristiques du premier âge, beaucoup de ses inquiétudes se manifestent par des peurs excessives ou des ter-reurs nocturnes, par des comportements dépen-dants et capricieux, ou encore par des malaises psychosomatiques (comme des maux de tête ou de ventre). Ce langage non verbal révèle ses craintes d'être abandonné et le stress qu'en-gendre sa nouvelle vie.

La recomposition familiale soumet l'enfant de cet âge à d'énormes demandes. Envers ce passé qu'il laisse, il a des deuils à finir et des choses à défendre et, puisqu'il est déjà engagé sociale-ment, cette adaptation exige des efforts. Pendant la première année, ou plus longtemps, ses comportements à l'école et à la maison sont affectés. Plus il y a d'environnements auxquels il doit s'adapter, plus la baisse de ses perfor-mances risque d'être importante. Les choses se passent mieux si on évite de trop solliciter sa capacité d'adaptation. Dans la mesure du possible, il est bon d'étaler les changements qu'il lui faut subir. Si le contexte le permet, la cohabitation ne devrait pas débuter par un déménagement qui comprend un changement d'école en cours d'année.

À son âge, il a tendance à dériver vers l'imaginaire et ses préoccupations favorisent ses évasions. Il se montre parfois distrait et lunatique, triste et morose. Devant les difficultés, il se réfugie dans la nostalgie de son existence antérieure. Il idéalise ses amis d'avant, son autre école, son ancien quartier, sa famille monoparentale. Sans encourager cette tendance, il est bon de favoriser la progression du deuil. Si l'on reste attentif et compréhensif, si on l'aide à mettre des mots sur ce qu'il ressent, si on est clair au sujet de l'irréversibilité de la situation, ses émotions lui paraîtront moins éprouvantes et il se sentira soutenu dans ses efforts.

À cause des pertes que la recomposition lui impose, il éprouve une vive frustration. Si l'enfant n'arrive pas à exprimer son mécontentement, son agressivité se traduit par des troubles du comportement. Il devient indiscipliné, provocateur, difficile à contrôler. La famille, l'école et le voisinage sont des champs de bataille où il livre combat pour oublier sa peine ou se venger de l'injustice dont il se sent victime. Si ses parents n'interviennent pas, ces réactions risquent de ruiner son avenir.

Lorsqu'il comprend que le nouveau foyer est destiné à durer, l'enfant du primaire abandonne ses résistances, mais il défend ses intérêts avec vigueur. Il cherche à occuper une place de choix auprès de son parent et il lutte pour préserver sa relation avec celui qui est absent. Soucieux de rester fidèle à ses premiers liens, il est toutefois ouvert à de nouvelles relations, mais il se révèle parfois maladroit dans sa façon d'exprimer son désir d'aimer tout le monde. Plus qu'à tout autre âge, ses conflits de loyauté le tourmentent. Il s'insère mieux dans sa nouvelle existence si on ne réclame pas de sa part une loyauté exclusive et si on ne le mêle pas à des conflits d'adultes.

À mesure qu'il apprivoise sa nouvelle vie, il ressent moins de tensions et ses manifestations d'insécurité deviennent plus rares. Mais les problèmes peuvent persister au-delà de la période d'adaptation. Car l'enfant transporte son passé : lorsque certains apprentissages ne sont pas faits à l'âge approprié, ils sont plus longs à intégrer. Les adultes doivent reconnaître ces situations pour ce qu'elles sont, afin d'apporter les correctifs nécessaires. Dans le cas de l'entraînement à la propreté, par exemple, l'habitude de mouiller son lit ou sa culotte peut devenir plus difficile à surmonter passé l'âge de trois ans. Si un enfant de six ans est énurétique au moment de la recomposition familiale, il est illusoire de croire que ce problème va disparaître dès qu'il sera adapté. Au contraire, plus le temps passe, plus il lui sera difficile de se débarrasser de son habitude. Pour y parvenir, il aura besoin de constance et de fermeté parentales.

L'enfant du primaire n'est pas un habile négociateur. C'est par des voies détournées qu'il cherche à obtenir ce qu'il désire ou évite d'être puni. La recomposition est le contexte rêvé pour exercer ses talents de manipulateur. Dès qu'il se sent à l'aise dans son nouveau milieu, il trouve le moyen de tirer avantage de la situation. À mesure que les adultes reprennent le contrôle, il apprend à utiliser des méthodes plus acceptables.

Comme le tout-petit, l'enfant de cet âge a un avenir à assurer, mais il a aussi un passé dont il faut tenir compte. Plus il a d'années derrière lui, plus sa personnalité est fixée, et plus ses habitudes de vie sont ancrées. Il est moins malléable que son cadet, et les adultes doivent l'accueillir comme il est et où il en est. D'ailleurs, il aura besoin d'un certain temps pour acquérir un nouveau sentiment d'appartenance. À cet âge, l'enfant a besoin qu'on délimite son pouvoir et son territoire : sa place d'enfant qu'on lui réserve dans le nouveau foyer le soulagera du désarroi et de l'incertitude qu'il a connus précédemment. Le rôle des adultes qui le prennent en charge dépasse les soins et l'affection à prodiguer, pour s'étendre à l'éducation. À côté de la compréhension, la constance et la fermeté dont ils font preuve fournissent un encadrement qui devient synonyme de sécurité.

À L'ADOLESCENCE

La famille n'est plus centrale dans l'univers de l'adolescent : les amis, la vie sociale occupent la majeure partie de son temps libre. Les sorties avec maman, papa et les petits ne l'intéressent plus. Souvent, il refuse de rendre visite à la famille et ne supporte les figures parentales que comme un mal nécessaire. Plus il s'approche de l'âge adulte, plus il se prépare intérieurement à voler de ses propres ailes : il serait paradoxal de le pousser dans un nouveau nid.

L'adolescence est marquée par la quête de l'identité : le jeune doit trouver ses propres valeurs et acquérir une façon bien à lui de penser et d'agir. Mais il faut d'abord qu'il se dégage de l'emprise parentale. Pour ce faire, il doit pratiquement rejeter, en bloc, leur influence et leur enseignement. Ensuite seulement, il consolidera son identité avec ce qu'on lui a transmis.

Pour l'adolescent, la révolte est impérative. La forme qu'elle prend change selon les générations, cependant les enjeux demeurent identiques : revendiquer sa liberté, se démarquer des aînés, briser les chaînes du pouvoir, réinventer le monde sont des étapes vers l'affirmation de soi. Cette quête est l'expression du désir très sain de quitter la dépendance juvénile pour devenir une personne responsable, un individu à part entière.

La perspective de se retrouver autonome est aussi effrayante qu'irrésistible ; le cheminement se fait avec autant d'insécurité que d'audace. À l'adolescence, les liens demeurent importants et livrent une dure compétition au désir d'indépendance. Puisqu'il a encore besoin de ses parents, l'enfant n'a d'autre choix que d'essayer de leur arracher des permissions.

L'accélération du développement physiologique et psychoaffectif exerce une telle pression sur l'adolescent que les réactions sont parfois spectaculaires : fugues, petits vols, consommation de drogues et d'alcool, expériences sexuelles, accoutrements bizarres, menaces suicidaires marquent ce passage. En réalité, ce sont des tentatives pour affirmer son identité, tout en se démarquant de l'enfance. La marge entre une évolution dramatique et une adaptation saine est parfois mince. Or, lorsque la crise d'adolescence se vit en parallèle avec la naissance d'un nouveau foyer, on a l'impression de tenir entre les mains un cocktail Molotov !

Conscient que l'univers de ses parents ne tourne pas uniquement autour de lui, l'adolescent peut faire la différence entre ses fantasmes et la réalité. Cependant, son rêve de réconciliation reste parfois d'une intensité déconcertante. Même s'il a besoin de se dégager de ses parents, sa famille d'origine a été sa source première de sécurité. Une bonne partie de son identité y est investie : il ne peut donc pas y renoncer à ce moment de sa vie où elle est si cruciale. L'enfant plus jeune se sent responsable de l'éclatement familial ; l'adolescent, lui, a tendance à faire le procès des figures parentales et à chercher des coupables. Avant de pouvoir regarder ses parents comme des êtres humains qui ont leurs forces et leurs faiblesses, il doit d'abord les descendre du piédestal sur lequel il les a posés depuis son enfance. Son rêve de réconciliation repose sur l'espoir que l'on répare les erreurs commises à son endroit, plutôt que celui d'être à l'origine d'une réunion.

En général, lors d'une recomposition, c'est l'adolescent qui se fait le plus remarquer et cause le plus de remous. Plus il est proche de l'âge adulte et moins il profite de la situation. Dans la mesure où il traverse lui-même une crise, il ne peut que se révolter et déranger son entourage. D'abord, il tente de convaincre son parent qu'ils étaient bien mieux avant, sans le nouveau conjoint et sa marmaille. Lorsqu'il

devient évident que son parent ne renoncera pas
à ses projets, il s'applique alors à troubler cette
nouvelle cellule. Il résiste fortement à toute ten-
tative du beau-parent de jouer un rôle auprès de
lui. Souvent, il éprouve une rivalité franche et
rejette même cette personne qui lui a « volé » le
parent dont il était le confident, le conseiller ou
le compagnon.

Les nouveaux frères et sœurs peuvent faire
l'objet de manœuvres semblables car, à travers
eux, il dispose d'une arme puissante pour
atteindre son rival.

L'âge et la personnalité modulent les résistances de l'adolescent, qui ne sont pas toujours
aussi prononcées ni avouées. S'il est plus proche
de l'enfance, ou si sa révolte est intériorisée, il
utilisera des moyens moins directs. Il se laissera
ébranler par la nouveauté de la situation et
pourra réagir en régressant.

Le plus souvent, il traduit son malaise en
manifestant divers troubles du comportement :
il peut s'adonner au vandalisme, effectuer des
petits vols à l'étalage ou carrément retourner sa
colère en autodestruction. La plupart du temps,
ces comportements sont soudains et passagers ;
d'autres fois, ils se développent à partir de ten-
dances latentes. Il exprime ainsi sa résistance à
la recomposition du foyer. Il tente de monopoliser l'attention des adultes. Si ces réactions
sont vraiment alarmantes, elles alimentent la
culpabilité des ex-conjoints qui ont à les affron-
ter. Elles constituent une source de tension et de
discorde entre les membres du nouveau couple,
qui sont détournés de leur projet conjugal.

L'issue de ces péripéties dépend de plusieurs
facteurs. Si les conflits du début ne sont pas trop

graves, ils ouvriront la porte à une plus grande compréhension de part et d'autre. Mais s'ils s'intensifient et que les difficultés paraissent insurmontables, l'on peut dénouer la situation en confiant la garde à l'autre parent. Il est possible que les circonstances poussent l'adolescent à s'affranchir plus rapidement qu'il ne l'aurait fait dans le contexte familial antérieur.

Malgré les apparences, la recomposition n'a que peu d'impact sur l'adolescent. Même si sa présence cause des remous, l'empreinte que laissera son nouveau foyer sera limitée. Passé les premiers incidents, il se resituera généralement dans sa vie d'adolescent.

Le fait d'avoir plusieurs figures parentales peut lui offrir divers débouchés pour jouer ses conflits. Par exemple, il peut prétendre qu'il ne supporte pas l'autorité à cause de ses rapports avec le beau-parent. Ou encore, s'il a l'impression qu'on ne le comprend pas et qu'on ne lui donne pas assez de liberté, il dispose d'un moyen évident pour renégocier la situation et s'affirmer : se réfugier chez l'autre parent ! Comme ce défenseur improvisé n'a qu'une version partielle des faits, l'histoire est à l'avantage de l'enfant... mais pour peu de temps. Il suffit que l'adolescent trouve les mêmes limites dans ce foyer pour qu'il soit tenté de retourner vivre dans l'autre : ses anciens ennemis deviennent des alliés.

Certains jeunes entreprennent ainsi une « carrière » d'enfant prodigue : pour y mettre fin, la collaboration entre les deux foyers est nécessaire. Elle réduit la manipulation et augmente l'adaptation.

Le retour vers l'autre parent ne sert pas toujours à négocier l'autonomie. La quête d'une identité le pousse parfois à aller voir qui il est ailleurs et à prendre ses distances par rapport à son milieu familial d'origine. Lorsque le désir d'aller vivre dans l'autre foyer semble légitime, on gagne à le respecter. Qu'il soit définitif ou non, ce départ permet à l'adolescent d'assumer ses différentes appartenances et d'apprécier chacune des figures parentales.

Coloré par la réalité particulière qu'offre la recomposition, le cheminement de l'adolescent est à d'autres égards similaire à celui qu'il aurait dans une famille intacte. Il n'est plus un enfant, mais il n'est pas encore tout à fait un adulte et son éducation n'est pas terminée. Il a besoin d'être compris dans ce qu'il veut dire et défendre ; il a besoin de balises. C'est pourquoi le rôle de parent ne peut se limiter à celui de confident et de conseiller. Une relation antagoniste permet à l'adolescent de se démarquer de son aîné tout en restant dans les limites sécurisantes du contrôle parental. Une lutte difficile et délicate s'engage avec l'enfant qui cherche à élargir sans cesse les limites de son autonomie. Durant ce combat, le parent est parfois réduit au rôle ingrat de garde-fou.

L'attitude la plus efficace est d'être à la fois souple et ferme. Le parent gagne à s'ouvrir au dialogue et à négocier. Il doit savoir juger de la pertinence des désirs d'autonomie de l'adolescent. Selon la maturité de ce dernier, il peut tantôt relâcher les cordons du contrôle, tantôt les resserrer.

Les transactions entre parents et adolescents sont rarement faciles. Les premiers sont pris au dépourvu, car ils ne sont pas préparés à céder du terrain ; quant à l'enfant, il envenime le conflit en dénonçant les problèmes du nouveau couple. Or, celui-ci est particulièrement vulnérable à ces attaques, surtout lorsqu'il est récent. Trop souvent, il perçoit l'adolescent comme un trouble-fête et non comme un membre à intégrer. Sans céder aux pressions, il faudrait qu'il soit prêt à discuter. L'enfant est en âge d'obtenir certaines permissions et il a besoin de comprendre les raisons qui motivent les adultes à lui imposer des limites. Par ailleurs, il faut être prêt à lui donner sa place et à minimiser ses pertes.

S'il est déjà engagé dans une lutte contre l'autorité, l'adolescent se révoltera contre celle du nouveau conjoint, qui aura avantage à se limiter au rôle de conseiller ou de soutien, surtout au commencement. Plus le beau-parent arrive tard dans la vie de l'enfant, moins il pourra en influencer le cours. S'il est moins « parent » et davantage « beau », leur relation sera plus aisée. Gare toutefois aux alliances inopportunes !

DEUXIÈME PARTIE

Les adultes de la recomposition familiale

5

Le nouveau couple
et les enfants

Reprenons l'exemple de notre famille fétiche.
C'est Isabelle qui parle :

« Avant de vivre ensemble avec Fred, nous avons
pris le temps de nous fréquenter, de mieux nous
connaître et de nous apprécier. Nous sortions au
moins une fois durant la semaine et le samedi. En plus
de ces moments privilégiés, nous avons pris soin de
nous retrouver occasionnellement avec les enfants,
pour voir comment ils s'entendraient. Nous avons
passé quelques week-ends en leur compagnie et nous
les avons même emmenés en vacances au bord de la
mer. Comme nous nous aimions très fort et que tout
allait relativement bien, nous avons fini par faire le
grand saut.

« Nous nous attendions bien à quelques difficultés :
Ève ne semblait pas emballée en voyant son père
amoureux de moi ; quant à Cyril et Antoine, ils se
querellaient fréquemment. Mais ces contretemps nous
apparaissaient négligeables et nous comptions en
venir à bout dès le début de la vie commune. Notre
désir de vivre ensemble était, je crois, plus fort que
tout. Heureusement, car je ne suis pas certaine que

nous nous serions engagés si nous avions su dans quelle galère nous nous embarquions!

« Nous avons mis beaucoup plus de temps que prévu à surmonter les problèmes. Nous étions l'un et l'autre très sensibles aux difficultés qu'éprouvaient nos enfants. Je dirais aujourd'hui que cela nous empêchait de voir clair et de trouver le bon chemin. J'ai vécu d'énormes frustrations dans mon rôle de belle-mère. Il n'a pas été facile de me faire accepter, ni par Ève, ni par Cyril et leur mère, ni même par Fred, qui était pourtant mon conjoint. Pour couronner le tout, nos petites soirées intimes devenaient de plus en plus rares, car nous ne trouvions plus le temps de nous libérer.

« Les débuts ont donc été difficiles. À maintes reprises, j'ai eu envie d'abandonner et de retrouver ma vie tranquille avec Antoine, mais aujourd'hui, tout cela est du passé. À dire vrai, Fred et moi sommes plutôt fiers de ce que nous avons réussi et nous n'éprouvons aucun regret. Bien sûr, il a fallu du temps et de l'énergie, mais cette expérience nous a enrichis de bien des façons. À mon avis, notre famille est un lieu où à présent il fait bon vivre et où chacun trouve sa place. »

La plupart des couples qui s'engagent sur la voie de la recomposition sont, comme Isabelle et Fred, peu préparés aux exigences de leur nouvelle vie. Ils s'attendent à recréer une famille comparable à celle de leur enfance ou encore à celle qu'ils ont fondée la première fois. Or, ce n'est pas le cas. Ils sont confrontés à plusieurs défis simultanés. Il leur faut non seulement s'adapter l'un à l'autre et se construire une vie commune, mais la construire aussi avec les enfants. Dans le rapport avec ces derniers de même que dans l'acquittement des tâches

116

domestiques et éducatives, ils ne sont pas *a priori* sur le même pied : l'un bénéficiant des atouts fournis par les liens du sang et ceux du temps, l'autre s'aventurant sur une terre étrangère. Ces conditions sont déjà fort différentes de celles qui donnent naissance à une première famille. Réussir à contenter instantanément tout le monde est un rêve irréalisable, d'autant que les enfants n'abordent pas la nouvelle cohabitation avec l'enthousiasme de ceux qui l'ont décidée. Davantage sensibles aux pertes qu'ils ont à subir, ils posent maints problèmes à leur parent tout comme à son conjoint.

Même si le début de la vie commune signifie une ère nouvelle pour les époux, rien ne leur est épargné. Ils affrontent leur lot de frustrations, de déchirements et d'ambivalences, car refaire une famille n'est jamais facile. L'entreprise exige temps et investissement, et on n'en récolte les fruits qu'après avoir patiemment labouré, semé, arrosé et désherbé. Même si le fait d'être aguerri ou averti n'élimine pas les épreuves, l'expérience de ceux qui les ont vécues va servir. Elle met en évidence les pièges à éviter, les vertus à développer si l'on veut faire un succès de cette aventure *a priori* hasardeuse. Aucune recette miracle, mais seulement des confidences, des réflexions et des amorces de solutions aux difficultés rencontrées dans l'édification d'une famille recomposée...

LE RÊVE ET LA RÉALITÉ

À une époque où le mariage de raison se fait rare, peu de familles verraient le jour si les conjoints n'entretenaient l'ambition de vivre leur amour et de le faire fructifier. Tandis que ces visées légitimes constituent le moteur principal de leur projet, ceux dont l'union implique une recomposition savent qu'ils auront à intégrer une progéniture issue de mariages antérieurs. Mais cela ne suffit pas à les arrêter ! Forts de leur bonheur nouveau, ils se préparent à partager une aventure prometteuse et sont portés à minimiser l'impact de la cohabitation tout autant que celui du stress d'adaptation. Certains restent aveugles aux problèmes potentiels, d'autres se croient à l'abri des tempêtes ou se sentent aptes à les maîtriser. Les mythes véhiculés le plus souvent sont ceux de l'adaptation et de l'amour instantanés : globalement, on s'attend à ce que chacun s'habitue rapidement à sa nouvelle situation, et plus spécifiquement, on s'attend à ce que l'enfant et son beau-parent s'apprécient automatiquement, comme s'ils étaient liés par le sang.

Alors que la promesse d'un nouveau bonheur conjugal les appelle à la vie commune, l'illusion d'un avenir facile permet aux adultes d'actualiser leur projet. S'il en était autrement, si, dans la balance, les appréhensions pesaient plus que les espoirs, la recomposition n'aurait certainement pas lieu. Mais si l'amour donne des ailes, il n'a pas le pouvoir de changer la réalité. Le contraste entre des attentes peu réalistes et les contingences liées à la recomposition marque la première saison dans l'existence du nouveau couple.

Le choc initial

Isabelle continue :

« J'ai très vite réalisé l'ampleur de la tâche. En comparaison, l'époque où je vivais seule avec Antoine était tranquille. Je m'étais habituée à mes nouvelles charges et je maîtrisais tous les aspects de mon rôle. Lorsque je me suis installée avec Fred, je ne croyais pas que deux enfants de plus feraient une si grande différence ! Nous avions beau partager les tâches, j'avais l'impression de ne jamais voir la fin : plus de vaisselle à nettoyer, de vêtements à laver, de murs à frotter... sans compter les caprices, le vacarme à supporter, et le reste. Et puis, dès que j'avais une minute à moi, Antoine faisait tout pour me monopoliser, se pendant à mon cou, réclamant son histoire ou inventant un prétexte pour me garder auprès de lui. Je ne voulais surtout pas qu'il souffre de notre nouvelle vie, je n'osais donc pas lui refuser ce qu'il me demandait. Quand j'arrivais enfin à me libérer, Fred n'était pas nécessairement disponible, accaparé par ses propres enfants. Chacun à leur façon, Ève et Cyril se chargeaient de le tenir occupé : la première rivalisait d'ingéniosité pour susciter d'interminables conversations qui, évidemment, excluaient ma participation ; le second attirait les foudres de son père en accumulant les bêtises. Quand enfin nous trouvions un peu d'intimité, nous étions pratiquement certains d'être interrompus par une dispute entre les garçons. Il m'arrivait de me demander si cela valait la peine et si nous n'aurions pas mieux fait de garder deux foyers. »

Au départ, les adultes s'attendent à profiter de leur amour tout en s'acquittant des responsabilités venant du passé, mais dans les faits, concilier besoins conjugaux et exigences parentales n'est pas évident. Déjà limités par les contraintes habituelles de la vie familiale, les adultes subissent, de surcroît, les contrecoups de la recomposition. Interpellés par l'état émotif de l'enfant, ils parent au plus pressé. Ces réalités de la famille recomposée dépassent largement leurs prévisions. Soumis à un rythme de vie trépidant, surpris par les résistances de l'enfant à l'établissement de la famille, ils sont amenés à se questionner : ont-ils bien agi ?

La façon dont l'enfant reçoit le beau-parent suscite un autre choc majeur. Alors qu'on s'attend à une réponse d'amour, il résiste à se laisser séduire. Le nouveau conjoint a beau s'appliquer à gagner ses faveurs, l'apprivoisement n'est pas automatique, comme le raconte Isabelle :

« Sachant qu'Ève me percevait comme une rivale et que cette situation embarrassait son père, je voulais tenter de gagner sa confiance. Je ne pensais pas avoir de difficulté à le faire, surtout que j'étais heureuse d'hériter d'une fille. J'ai essayé, par toutes les façons, de me rapprocher d'elle et de lui montrer ma bonne volonté. Je l'ai emmenée faire des achats, je lui ai proposé d'aller au cinéma, j'ai invité ses amies à dîner, je me suis efforcée de tenir compte de ses goûts dans le choix des menus... Mais Ève ne faisait pas grand-chose pour m'encourager... Elle restait avare de remerciements et persistait à me traiter comme une quantité négligeable. Quand elle délaissait cette attitude déplaisante, c'était pour critiquer ma façon de faire et pour me démontrer, preuves à l'appui, que rien de ce que je m'appliquais à lui donner n'était à la hauteur des merveilles dont sa mère était capable... »

Puisqu'il aspire à reproduire l'idéal familial traditionnel, le nouveau conjoint est porté à se dévouer. Or, même s'il prend d'une main ce qu'on lui offre, l'enfant est rarement disposé à jouer la carte de l'harmonie. Il tend plutôt à se méfier, même à dénoncer les pressions qu'on exerce sur lui. Plus on insiste, plus il se rebiffe, craignant surtout qu'on ne veuille usurper la place de l'absent. Il se charge même de rappeler que cette chaise, en apparence inoccupée, appartient au seul, à l'unique, à l'irremplaçable parent. Et vlan! pour les prétentions de l'étranger qui est confronté à des comparaisons désobligeantes et même blessantes!

S'il est difficile pour l'enfant d'accueillir un troisième parent dans sa vie, il n'est souvent pas plus aisé pour le beau-parent de se lier avec lui. Façonné par d'autres mains, cet être qu'on lui demande d'aimer ne lui ressemble pas. Il lui échappe même :

« Je me croyais capable d'accueillir les enfants de Fred comme si c'étaient les miens, mais petit à petit, une foule de détails ont commencé à m'irriter. Cyril, particulièrement, me posait un sérieux dilemme. Je le trouvais bruyant et, surtout, indiscipliné. Il traînait sans cesse dans la maison, passait son temps à bousculer Antoine, ignorait les remontrances de son père. Je ne pouvais m'empêcher de penser qu'il aurait été différent si je l'avais élevé moi-même. »

Il n'existe pas d'enfant modèle, pas plus que d'éducation parfaite. Inévitablement, la cohabitation met en évidence certaines petites choses agaçantes pour un observateur étranger. Tandis que les grands rapprochements tardent à venir, la diversité des caractères, les lacunes éducatives, les habitudes désagréables, les façons de faire différentes heurtent de plein front, ralentissant d'autant la marche vers l'harmonie.

Pour les adultes, qui envisageaient leur avenir avec espoir et optimisme, la vie commune n'apporte pas d'emblée les satisfactions attendues. De fait, il n'est pas simple de consolider le lien conjugal avec les enfants issus d'un lien précédent. Entre le train-train journalier et la nécessité de tenir compte des besoins émotifs des enfants, le manque de temps et d'intimité devient un problème. Ce qui ajoute encore à la difficulté, c'est le côtoiement auquel des êtres sont contraints sans s'être choisis et sans encore s'aimer. Pratiquement inévitables, les problèmes de contact et d'adaptation entre l'enfant et le nouveau conjoint plongent le parent et son partenaire dans des dilemmes parallèles malaisés à surmonter.

Les dilemmes

Dans une famille recomposée, le parent occupe une position centrale difficile à assumer. Attaché à son partenaire autant qu'à ses enfants, il est pris en otage dès que quelque chose ne va pas entre les deux parties. C'est souvent l'attitude antagoniste de l'enfant qui éveille les premières inquiétudes. Voici le témoignage de Fred :

122

« Je me sentais terriblement coupable à l'égard de ma fille. Pendant les dernières années, elle s'était montrée raisonnable et avait été pour moi une précieuse alliée. J'avais espéré qu'elle concéderait une place à Isabelle, mais voilà qu'elle s'acharnait plutôt à la rejeter. Je ne savais plus trop sur quel pied danser. Je me demandais si elle accepterait jamais ma compagne et si, dans ces conditions, j'avais le droit de poursuivre mes engagements. En même temps, je ne voulais pas perdre Isabelle, mais même si j'étais sensible aux difficultés qu'elle vivait, je me voyais mal reprocher à Ève son attitude. Au fond, j'espérais qu'elles arrangeraient entre elles le problème. »

Peu de parents iraient jusqu'à compromettre le bonheur de leur progéniture pour une satisfaction conjugale. Aussi, lorsqu'ils perçoivent que leur enfant est inquiet ou quand ils le voient résister aux changements, la plupart des parents se sentent déloyaux ou coupables d'avoir dérangé sa vie. Dans l'espoir de se racheter ou de chasser ces émotions désagréables, plusieurs ont une attitude de compensation.

« Mon entourage m'avait déjà laissé entendre que mon garçon n'était pas un enfant facile, raconte Fred. C'est pourquoi ma plus grande hantise était qu'il fasse fuir Isabelle. Lorsque, devant la dernière bêtise de Cyril, elle levait les yeux au ciel, je me faisais un devoir d'intervenir immédiatement. »

Malgré les efforts du parent, le nouveau conjoint accumule les frustrations. Dans un contexte où les besoins de l'enfant briment leurs aspirations conjugales, certains ont l'impression d'être laissés pour compte. Ils finissent par éprouver un ressentiment diffus, dirigé tantôt vers le petit, tantôt vers le partenaire. En plus d'être une entrave à l'intimité conjugale, l'enfant n'est que rarement cet ange docile et délicieux, facile à aimer et à apprivoiser comme on le souhaiterait. Heurté par son attitude rebelle, choqué par ses comportements belliqueux, le nouveau venu s'adapte mal.

Écoutons Isabelle à ce sujet :

« Subitement, la relation que Fred entretenait avec Ève a commencé à me déranger. J'avais beau comprendre qu'elle en avait besoin, je ne pouvais m'empêcher de lui en vouloir et même d'être jalouse. En même temps, je ne savais que faire avec ces sentiments. Je m'en voulais de les éprouver, aussi je les taisais, me disant que le temps arrangerait les choses. Avec Cyril, c'était encore pire, il m'irritait de plus en plus.

« Plus le temps passait, plus j'avais les nerfs en boule. Je me suis surprise à accabler Cyril de reproches, au sujet des vêtements qu'il s'obstinait à laisser traîner, ou des directives qu'il s'évertuait à contourner. C'est comme si je me sentais poussée à refaire son éducation. Naturellement, rien ne s'arrangeait. J'étais réduite à répéter et répéter, et mon impuissance renforçait ma colère. Parfois, mes réactions étaient excessives. Le lit défait devenait la goutte qui faisait déborder le vase. C'était horrible à vivre. Je me sentais devenir aigrie et détestable, comme la méchante belle-mère des contes. »

Voyant la situation lui échapper, le nouveau venu peut étouffer les émotions qu'il juge inadmissibles; mais il a beau vouloir les vaincre, il ne peut indéfiniment les contenir. Exacerbées, celles-ci finissent par refaire surface sous forme

124

d'explosions. Exprimant un lot d'insatisfactions plus ou moins claires et avouées, ce débordement n'apporte ni solution ni soulagement. Comme le fossé entre ses états d'âme et sa volonté d'aimer ne cesse de s'élargir, le beau-parent se sent plutôt incompétent.

Pendant que son partenaire se bat avec son propre dilemme, le parent voit le sien accentué. Réveillées par l'attitude de ses enfants, ses inquiétudes ne font que croître :

« J'avais beau savoir que Cyril n'était pas docile, je trouvais l'attitude d'Isabelle exagérée, explique Fred. Par moments, elle me faisait penser à ma vieille tante Zoé ! Pourtant, Antoine ne nous rendait pas non plus la vie facile avec ses excursions nocturnes et ses cauchemars répétés. J'étais blessé de constater que Cyril n'inspirait pas autant de clémence à Isabelle. »

Le beau-parent ne retient pas toujours ses insatisfactions, mais qu'il se plaigne ou prenne tout bonnement le risque de s'exprimer, l'effet sur le parent reste à peu près le même :

« Pour ma part j'en voulais à Fred de ne pas comprendre cette clémence que j'affichais vis-à-vis d'Antoine, raconte Isabelle. Je trouvais qu'il jugeait mon fils trop sévèrement. Quand j'habitais seule avec lui, il lui arrivait déjà de faire des mauvais rêves : je le prenais alors dans mon lit pour le rassurer et pour qu'il se rendorme au plus vite. En m'installant chez Fred, il fallait bien que je trouve une nouvelle tactique. Quand Antoine se présentait à notre porte en pleurant, je le raccompagnais aussitôt dans sa chambre. Mais il ne se laissait pas consoler si facilement. Il refusait de me laisser repartir et il m'arrivait parfois de me réveiller à son côté. Au bout de quelque temps, Fred s'est mis à me critiquer. Il disait qu'Antoine était trop gâté et que mon attitude ne pouvait qu'accentuer le problème. Je sentais qu'il avait raison, mais plus il insistait, plus je me renfrognais car je ne voulais pas laisser mon fils seul avec ses angoisses. »

Les dilemmes de Fred et d'Isabelle sont davantage liés à leur situation de parent et beau-parent qu'à leur personnalité. En ce sens, ils concernent de nombreux époux. Dans la position de parent, l'individu est généralement hanté par la crainte d'avoir à faire souffrir ses protégés. Il comprend mal et vit mal les insatisfactions de l'autre adulte qui n'a pas la même perspective sur ses enfants. Il veut certes profiter de leur relation amoureuse, mais sans qu'en soient affectés ses chers bambins. Tandis que l'implantation du lien conjugal passe nécessairement par une transformation des relations antécédentes, les résistances piègent le parent dans un rôle de défenseur du *statu quo*.

Confronté à la pesanteur et aux désagréments causés par des enfants sur lesquels il n'a pas de prise, le beau-parent a de la peine à s'adapter. Qu'il les retienne ou pas, ses insatisfactions finissent par faire surface, et à mesure qu'elles transparaissent, son conjoint se sent de plus en plus tiraillé entre la loyauté qu'il croit devoir à sa progéniture et celle qui, pour préserver le couple, doit s'installer avec son partenaire : il ne sait plus où se situer.

N'ayant ni le même point de vue ni la même sensibilité, parent et beau-parent se trouvent divisés. Les dilemmes ayant tendance à s'accentuer, ils mènent à l'impasse.

126

VU D'UN REGARD LUCIDE

La famille recomposée recèle des possibilités réelles de bonheur et de satisfaction, mais elles sont généralement différentes de celles auxquelles les adultes s'attendaient. La poursuite d'un idéal inaccessible mine les efforts et mène à la déception. Pour dépasser l'écueil de l'aigreur et du découragement, les conjoints doivent développer une vision plus réaliste du foyer qu'ils ont fondé. C'est seulement sur la base d'une appréciation plus juste de leurs défis et difficultés qu'ils trouveront comment les surmonter et pourront s'investir d'une manière appropriée.

La famille recomposée : une famille différente

Parce qu'elle rassemble sous un même toit un homme, une femme et des enfants, la famille recomposée s'apparente à la famille traditionnelle. En vertu de cette ressemblance, et en l'absence d'un modèle plus adéquat, nous avons dans l'esprit un moule que nous croyons tout indiqué. Cependant, certaines de ses caractéristiques font qu'elle ne peut pas être une réplique de la famille intacte. Plutôt que de s'acharner inutilement, mieux vaut imaginer des solutions nouvelles, sous peine de s'exposer à de profondes déceptions parfois insurmontables.

Au cœur de nos attentes irréalistes, repose d'abord le mythe de l'amour instantané. Avec un parent qui adore déjà sa progéniture et un partenaire qui la chérira autant, nous imaginons réa-

127

liser le rêve de cette famille unie qui dort au fond de nous. Nourrir pareilles aspirations, c'est nier l'empreinte solide des attachements biologiques.

Lorsqu'un enfant naît de notre sang, nous nous reconnaissons d'emblée en lui, nous le voyons comme notre prolongement. D'ailleurs, neuf mois d'attente et le désir de sa venue nous ont déjà reliés à lui. Puis, le temps passé à prendre soin de lui et à l'éduquer a renforcé notre attachement. Vierge de toute influence à la naissance, le petit se laisse graduellement imprégner de ce que nous sommes. Non seulement il s'adapte à nos intolérances et à nos indulgences, mais il en vient aussi à nous ressembler par ses goûts, ses façons de faire et même dans certaines de ses manières d'être. À vivre à ses côtés, nous apprenons aussi à reconnaître son individualité, nous nous habituons à son tempérament, à ses limites et à ses potentialités.

Que nous le voulions ou non, les liens du sang et ceux du temps confèrent au parent des sentiments qui font nécessairement défaut à son partenaire. À l'aube de la recomposition, le nouveau venu n'est pas en mesure d'éprouver l'affection pour une progéniture qu'il n'a pas eu l'occasion de cajoler, de façonner, ni même de désirer. Souvent, il est démuni car il a tout à apprendre de ce petit qui lui tombe du ciel.

L'attachement ne peut donc pas venir aussitôt. Ce n'est qu'au fil des gestes répétés qu'un sentiment de familiarité finit par émerger. Si les circonstances le permettent, respect, tolérance, confiance et engagement augmentent avec le temps, suscitant un attachement réel, de plus en plus semblable à celui du parent. Vouloir forcer les bons sentiments ne sert à rien. Mieux vaut compter sur la patience, les expériences partagées et les affinités qui vont se développer.

Pour parvenir à transformer notre regard, il faut aussi comprendre que toute relation se nourrit de réciprocité et que l'enfant a donc sa part à assumer. Il ne peut rien faire pour se rendre sympathique ou pour encourager les rapprochements. Sa peur de trahir le parent absent le porte à se méfier des gestes du nouveau venu, de son affection même. Il est rarement disposé à modifier ses habitudes pour se plier aux exigences d'une personne en qui il n'a pas encore confiance et dont le statut lui paraît illicite. En somme, ses résistances multiples compliquent le processus de l'attachement en fragilisant la position de beau-parent.

D'autres facteurs rendent plus improbable encore l'apprivoisement automatique. Le rapport entre l'enfant et le beau-parent est dicté par les circonstances. Forcés de se côtoyer sans s'être choisis, ils sont également forcés de se partager la présence et l'amour de la personne qu'ils chérissent en commun. Leur relation débute donc dans un contexte propice à la rivalité et l'animosité, plus qu'à l'amour immédiat.

À côté du mythe, la vérité toute nue peut sembler décevante. Mais tant que nous nions cette vérité, nous ne pouvons développer les attitudes nécessaires pour dépasser les handicaps. Malheureusement, l'association des attentes démesurées et du manque de repères tend à accroître ces handicaps plutôt qu'à les atténuer. Pensant bien faire, nous agissons comme si notre famille était pareille à celle de notre enfance. Or, l'enfant précède ici le couple, incarnant l'existence d'un passé impossible à effacer. Acteur important de la scène familiale, il n'a pas signé sa part du contrat ni dit son dernier mot. Tant que nous nous comportons comme si la différence n'existait pas, nous ne faisons qu'exacerber son opposition. Le beau-parent est alors piégé dans un rôle frustrant et dévalorisant, ce qui ne fait qu'accroître sa propre ambivalence.

Parce que l'enfant a déjà ses parents, le rôle de beau-parent comporte des défis. En reconnaître les difficultés nous aide à mieux les supporter et nous permet de développer des attitudes plus appropriées. Compter sans l'action du temps est irréaliste, mais il faut aussi comprendre les raisons qu'a l'enfant de résister et suivre le courant plutôt que de le contrer. Repartir à neuf, compenser l'absence d'un parent, réparer le passé, remplir le poste vacant sont des mandats qui compliquent l'adaptation. Quand on tempère ses interventions, quand on suit le rythme de l'enfant, quand on accueille ses résistances comme des réactions naturelles, la réciprocité a plus de chances de s'installer.

La famille recomposée :
une famille semblable aux autres

Malgré ses différences, la famille recomposée n'en est pas moins une famille. Elle remplit les mêmes fonctions que toutes les autres et rencontre les mêmes défis. Malheureusement, notre société véhicule une image idéalisée de la famille. À cause des buts impossibles que l'on se fixe, on finit par croire que l'échec vient de la recomposition elle-même. Mais la famille vers laquelle chacun aimerait tendre, celle où règne l'harmonie perpétuelle, où les parents ne perdent jamais patience, où les enfants sont des modèles de charme, d'obéissance et de savoir-vivre, n'existe que dans notre imagination.

Une famille équilibrée est avant tout un lieu où chacun trouve réponse à ses besoins fondamentaux et où les enfants apprennent à devenir autonomes. Dans la mesure où elle parvient à satisfaire ces exigences, la famille recomposée est aussi adéquate qu'une autre, mais pour y arriver, le couple doit mener la barque. Comme dans toutes les familles, les adultes sont les mieux placés pour savoir ce qui est bon pour les enfants.

Si nous n'écoutions que nos enfants, il n'y aurait pas de nouvelle famille. Certes, les changements que nous leur faisons subir ne sont pas faciles à vivre. Toutefois, si nous ne les négligeons pas et si nous respectons leurs liens antécédents, leur nouvelle vie ne contrariera pas leur développement et ne nuira pas non plus à leur épanouissement.

Trop souvent, nos inquiétudes nous font hésiter à transformer le visage de notre famille. Avec l'arrivée de nouvelles personnes, les choses changent et le fonctionnement collectif en est bouleversé. Si on ne peut repartir à neuf, il nous faut travailler à faire de notre maisonnée un lieu de vie confortable et satisfaisant pour chacun des habitants. Cette tâche exige un droit de parole accordé à tous les participants.

Le succès d'une recomposition passe par la négociation d'une identité familiale tenant compte des nouveaux liens autant que des anciens, de l'histoire passée et des circonstances actuelles. À cet égard, nous oublions souvent que la famille intacte rencontre un défi comparable. Avec leurs bagages respectifs, les amoureux doivent, eux aussi, s'entendre sur les options qui prévaudront chez eux. Le processus n'est jamais automatique et ne va pas sans heurts ni achoppements. Tous les couples connaissent des différends quand, tentant de faire de leur famille un lieu qui leur ressemble, ils ont à concilier leurs héritages parfois contradictoires.

La réorganisation exigée par la naissance d'un second foyer est, à bien des égards, similaire. Toutefois, elle comporte des défis supplémentaires car elle demande la redéfinition de territoires déjà occupés et elle implique, de surcroît, des adultes qui n'ont pas le même statut. Elle réclame donc un effort de longue haleine. Admettre l'impossibilité de l'adaptation instantanée et la nécessité de négociations est le premier pas vers la recherche de solutions pour concilier les besoins divergents.

L'ART DE VIVRE EN FAMILLE RECOMPOSÉE

Alliant bon sens, ouverture aux autres, patience et ingéniosité, l'art de vivre en famille recomposée s'acquiert au fil du temps. Au début, les enfants ont maintes occasions de manipuler les adultes. Aux prises avec leurs dilemmes, privés du support de la tradition et fragilisés par des espérances démesurées, ces derniers sont démunis et divisés. Peu à peu, ils apprennent à se concerter. Par leurs efforts conjugués, ils deviennent les architectes de leur famille, la façonnant de plus en plus à l'image de ceux qui la composent, et s'adaptant aux spécificités de sa structure.

Les éléments d'une bonne négociation

Dans toute famille novice, plusieurs aspects de la vie quotidienne doivent être fixés et négociés : allocation du temps et de l'espace, distribution des tâches, partage des rôles et des pouvoirs, règles de comportement, méthodes éducatives, valeurs... Mais une famille recomposée connaît d'autres embûches. C'est pourquoi, plus que dans un foyer intact, la réussite repose sur la qualité du dialogue. Transcender ses positions, s'ouvrir à celles de l'autre, prendre le temps de se comprendre deviennent des facteurs de réussite. Étant donné le point de départ, cela ne se fait pas du jour au lendemain. Le processus est lent et graduel. Il exige de transformer nos attentes, de regarder en face nos difficultés et de surmonter nos ambivalences.

De prime abord, Laure trouve normal que Jérôme se consacre entièrement à Roxanne, les week-ends où elle leur rend visite. Mais un soir, à les voir roucouler sur le divan, elle est envahie de sentiments confus et contradictoires. Les semaines passent et les visites de la petite la réjouissent de moins en moins. Dès son arrivée, Roxanne se pend au cou de son papa qui, en retour, délaisse son épouse autant que ses activités. Laure n'ose pas s'interposer et, en présence l'enfant, se retient d'exprimer son affection pour son mari.

Auparavant, elle trouvait la fillette attachante. Maintenant, elle lui en veut.

Peu à peu, la confusion de Laure va céder la place à la compréhension. Elle prend le risque d'en parler franchement avec Jérôme. Au début, celui-ci reste sur la défensive. Il s'inquiète de priver sa fille d'un père, surtout qu'elle ne le voit pas pendant la semaine. À l'issue de nombreuses discussions et tergiversations, Laure et Jérôme s'entendent pour modifier leur manière de faire en tenant compte de leurs préoccupations respectives. Maintenant, leurs week-ends ressemblent à ceux de tous les couples avec enfant, à la différence que Roxanne conserve des moments privilégiés avec son père. Bien sûr, elle a dû se rendre à l'évidence qu'il n'était plus « son Cyrano », mais elle s'est fait des amies dans le quartier et profite des sorties en famille qu'on lui propose de plus en plus souvent.

Ce nouveau témoignage illustre le déroulement d'une bonne négociation : un beau-parent qui, s'exprimant honnêtement, est écouté ; un parent accepté, de façon analogue, avec ses inquiétudes et ses hésitations ; un temps de mûrissement ; une solution équitable et adaptée, tenant compte des enfants concernés ; une famille qui a bien plus de chances de persister parce qu'elle satisfait les besoins de tous ses membres.

Si Laure ne s'était pas affirmée, nul n'aurait pu savoir ce dont elle avait besoin pour se sentir membre à part entière de la famille. Elle aurait sans doute fini par ne plus pouvoir le supporter, par éclater ou par se décourager. Si ensuite Jérôme n'avait pas exprimé ses craintes, il aurait probablement nourri un ressentiment secret à l'endroit de sa compagne. Exposer son point de vue, faire valoir ses besoins, exprimer ses limites sont les ingrédients qui permettent d'entamer le processus de négociation. Toutefois, ils ne sont pas si simples à manier, surtout dans une famille recomposée, la conjoncture initiale ayant souvent pour effet de court-circuiter la démarche.

De fait, la pression des mythes et l'ambiguïté de son statut rendent le beau-parent indécis quant à la légitimité de ses besoins et la pertinence de les faire valoir. De son côté, le parent, aux prises avec ses conflits de loyauté, ne sait trop à quels intérêts donner priorité. Pour s'affirmer, l'un et l'autre doivent démêler leurs sentiments, se réapproprier leurs perceptions contradictoires et s'accorder le droit d'avoir tantôt des besoins, tantôt des limites.

Autant d'obstacles, autant de raisons de soigner la communication. Si Laure avait accusé Roxanne d'être accaparante ou Jérôme de se laisser manipuler, elle n'aurait pas eu les mêmes résultats. Elle aurait plutôt exacerbé les résistances de son époux. Si elle avait été traitée d'égoïste ou d'immature, comme elle le craignait, elle se serait sentie impuissante et son ressentiment se serait aggravé. Partir de soi, écouter l'autre, éviter de juger et de blâmer sont des attitudes plus favorables si l'on veut faire naître la confiance et dépasser l'antagonisme initial.

On ne saurait trop insister sur le fait que les obstacles sont davantage liés aux situations qu'aux personnalités. Qu'il le veuille ou non, le beau-parent, pour s'intégrer, doit se faire le promoteur du changement. De son côté, malgré lui, le parent se trouve amené à résister. Pour tirer profit de la négociation, il faut cesser de chercher un coupable et relativiser les querelles pour s'attarder aux questions fondamentales.

Il est aussi nécessaire de s'ouvrir aux compromis. La solution la plus adaptée est rarement celle prônée par l'un ou l'autre des protagonistes. Entre tout chambouler et rester figé, il y a l'espace de l'ingéniosité, un talent qui gagne à être développé quand on vit dans une famille recomposée. Prendre le temps de trouver la norme qui convient, sortir des sentiers battus, accepter de se remettre en cause sont les épices qui améliorent la recette, quand elles n'en garantissent pas le succès.

La délimitation du territoire conjugal

Pour que la vie commune persiste, les satisfactions doivent contrebalancer les désagréments. Durant les secousses du réarrangement, on oublie facilement que le couple est la raison d'être de la nouvelle famille et la réussite conjugale, le meilleur gage de sa survie. Parmi les préoccupations qui se font concurrence au sein du foyer, il est indispensable d'assurer une place de choix au projet amoureux. À défaut de le faire, on ne trouvera plus d'intérêt à partager le même toit.

Mais les territoires ancestraux ne s'abandonnent pas facilement. Comment défricher un terrain au sein de la forêt dense de nos obligations, et comment le protéger de ces chers envahisseurs que sont nos enfants ? Jusque-là, temps et espace étaient surtout organisés en fonction d'eux. Or, c'est précisément en repartageant ces ressources naturelles que nous pourrons entretenir la flamme qui a réuni le couple.

Pareil réaménagement n'est jamais immédiat. Les sollicitations sont telles que le parent ressent d'abord un vif antagonisme entre son rôle auprès des petits et le fait d'être conjoint. Tant que cette dichotomie initiale n'est pas surmontée, la fermeté nécessaire au défrichage fait défaut.

Voici ce qu'en dit Isabelle :

« Plus le temps passait, plus Antoine accaparait mes nuits, et plus Fred s'impatientait. Cela était carrément impossible et j'ai dû me rendre à l'évidence : mon fils réussissait à m'épuiser, tandis que ma relation de couple tournait au vinaigre... Je me suis mise à penser que, un jour, Antoine partirait et que, si je le laissais défaire notre couple, je me retrouverais seule et aigrie. Ces réflexions m'ont donné le courage de changer d'attitude. J'en ai parlé avec Fred et nous avons convenu d'un plan : je prendrais le temps de rassurer le petit, mais il n'était plus question que je reste auprès de lui. Les premières nuits furent horribles. Dès que je disparaissais, Antoine hurlait de plus belle... J'étais inquiète, mais Fred m'encourageait à persister. Il se chargeait aussi de retourner voir l'enfant pour lui dire que pleurer ne me ramènerait pas. Nous avons pris notre mal en patience et les crises ont fini par s'estomper. »

Sans la conviction du parent et sans sa fermeté constante, la délimitation du territoire conjugal est impossible.

Mais au-delà de ce fondement, qu'en est-il du domaine à construire ? Dans le fil du quotidien, ses frontières se marquent par une multitude de

137

petits faits et gestes. Ces signes rappellent aux partenaires leurs engagement et montrent aux enfants l'importance que les grands accordent à leur couple. Un baiser volé en passant, un tête-à-tête autour d'un café, une conversation en l'absence des enfants, bref un moment journalier réservé aux époux sont autant de façons de délimiter l'espace conjugal.

À côté du territoire relationnel, les époux ont besoin de certains lieux privés. Même leur chambre, dernier refuge de l'intimité, ne résiste parfois pas à l'envahisseur. Là où, auparavant, le terrain a pu être accessible, il devra désormais être privé. Il servira d'enceinte pour leur ressourcement, pour s'y sentir en tranquillité, afin de régler un différend ou approfondir une conversation, se mettre à l'abri des indiscrets. Décider de renvoyer l'enfant dans ses quartiers, fermer la porte à clé sont des prérogatives qui méritent d'être utilisées. Mais que faire de l'enfant malade ou du petit à consoler, lorsqu'ils franchissent des barrières nouvellement érigées ? Pour commencer, s'assurer de la légitimité du besoin et exiger, de toute façon, qu'on frappe avant d'entrer. Malgré leur évidence, ces petits détails sont souvent négligés dans la conjoncture initiale.

En plus d'un lieu sacré et d'un temps privilégié, le couple a besoin de se soustraire au champ de ses obligations. Même dans les meilleures conditions, la dimension parentale envahit facilement l'espace réservé au couple. Des loisirs, un week-end en amoureux libèrent du quotidien et permettent aux époux de résister aux incertitudes de l'aventure familiale.

La consolidation du lien conjugal n'est pas

bénéfique qu'aux adultes. Malgré l'incompatibilité apparente de leurs intérêts, les enfants y
gagnent. Fragilisés par la séparation de leurs
parents, ils retrouvent un modèle et un espoir
pour leur vie future.

Le statut du nouveau partenaire

La réorganisation imposée par la recomposition d'un foyer ne s'arrête pas à la délimitation
d'un territoire conjugal, et ici, le manque de
repères est problématique. Nulle tradition
n'indique clairement quelle est la chance du
nouvel époux à l'intérieur de la famille. Doit-il
n'être qu'un conjoint ou peut-il faire office de
parent de substitution ? A-t-il son mot à dire sur
le comportement des enfants qui ne sont pas les
siens, ou doit-il se taire ? Par sa composition, le
nouveau foyer s'apparente à la famille intacte,
mais il s'en éloigne aussi puisque l'un des
adultes est parent tandis que l'autre ne l'est pas.
Livrés à leur propre interprétation de la différence, certains la nient alors que d'autres l'exa-
gèrent.

Trouver le juste milieu se fait lentement et par
tâtonnements. En s'improvisant parent, le nouveau venu récolte des sentiments d'impuissance
et d'échec. N'ayant pas un statut équivalent à
celui de son partenaire, il n'a pas le pouvoir
nécessaire pour s'imposer. D'un autre côté, il
doit endosser, au sein du nouveau foyer, une
position liée à son statut d'adulte. Lorsqu'il se
retrouve avec moins d'influence que la personne
qui garde occasionnellement l'enfant, quelque
chose ne tourne pas rond.

La résolution de ces questions passe par la consécration d'une hiérarchie spécifique à la famille recomposée. Au sommet règne le parent, secondé de près par son partenaire. Tandis que dans une famille intacte, l'un des conjoints peut s'en remettre à l'autre, ici le parent doit trancher et s'impliquer. Le partenaire doit-il alors rester dans l'ombre du premier? Pas nécessairement, mais il ne peut agir efficacement sans bénéficier de l'appui solide et incontestable du parent. Cela exige que l'on se concerte et s'entende, que l'on développe une solidarité. Dans une hiérarchie fonctionnelle, les enfants ont, bon gré, mal gré, le dernier rang. Cela ne veut pas dire qu'ils n'ont ni pouvoir ni poids décisionnel, mais s'ils en ont davantage que leur beau-parent, la famille est perpétuellement en déséquilibre. Journellement, mille détails, comme l'heure du coucher, le choix du menu, risquent d'être contestés. Pour éliminer ce stress inutile, les adultes doivent clarifier le statut du nouveau partenaire.

Au sortir de la phase monoparentale, les enfants ont du mal à abandonner leurs prérogatives tandis que le parent hésite à modifier le *statu quo*. Quant au dernier venu, il est *a priori* un étranger. Aux yeux des enfants, il n'est que le conjoint. C'est au fil des difficultés, lorsque l'obstacle est identifié, que s'enclenche le processus de négociation.

Comment rétablir la hiérarchie pour qu'elle soit accueillie par l'enfant? À chacun sa façon, probablement, l'essentiel étant la fermeté du parent.

Voyons la réaction de Fred :

« En cherchant des solutions contre les cauchemars d'Antoine, Isabelle et moi avons appris à nous concerter sur nos actions et à parler de nos frustrations. Aussi m'est-il apparu évident que je devais essayer de modifier l'attitude désagréable de ma fille envers ma compagne. Je ne sais pas qui, dans la famille, a été le plus surpris quand, un soir comme les autres, j'ai soudain exigé qu'elle s'excuse. Je m'étais subitement découvert une fermeté et un calme que je ne me connaissais pas. Ève a bien tenté de me tenir tête, mais je n'ai pas cédé. La guerre des nerfs s'est poursuivie jusque tard dans la soirée, quand elle s'est finalement inclinée. Isabelle a accepté ses excuses avec délicatesse. Ce fut un tournant dans leur relation car, depuis, ma fille n'a plus jamais recommencé. »

Étant donné sa légitimité, le parent joue un rôle capital. Seule son action peut être décisive. Tant qu'il croit faire souffrir ses protégés, il n'a pas la détermination nécessaire pour redresser la situation. Même son silence, les enfants l'interprètent comme un assentiment contre leur beau-parent. C'est pourquoi il doit prendre parti, clairement et fermement.

Le redressement de la hiérarchie comporte de nombreux avantages. D'abord, il soulage la famille d'une foule de petits énervements, puis il redonne aux adultes la confiance pour surmonter leurs problèmes. Les enfants, de leur côté, y trouvent aussi leur compte. Ils apprennent qu'ils ne peuvent pas réussir à diviser les époux et sont rassurés de voir que la nouvelle famille acquiert sa légitimité.

Une fois reconnue par les enfants, la nouvelle hiérarchie doit être maintenue. Plus encore que dans une famille intacte, le fait que les adultes s'entendent, s'épaulent et conjuguent leurs efforts est capital. D'ailleurs, une foule d'autres détails demandent encore une mise au point.

Le mode de vie

Pour que la vie commune soit une réussite, il faut qu'elle soit organisée. On doit décider du partage des tâches, fixer le rythme de vie, établir une convention régissant la conduite des enfants. Pour y arriver, la famille recomposée doit réviser les arrangements précédents pour les conformer aux besoins actuels. Cette nécessité est particulièrement évidente et pressante dans les foyers où chacun des adultes a des enfants :

Nicolas et Marion entreprennent une vie commune sous la condition expresse de rester maîtres de leur famille respective, pensant par là s'épargner discussions et conflits inutiles. En vertu de cette entente, chacun doit garder le nez dans son assiette et se débrouiller avec les problèmes occasionnés par la réunion des deux groupes. Comme les enfants ne sont pas tenus aux mêmes exigences, la situation devient vite chaotique. Ceux de Marion font la grève du rangement et s'obstinent à préparer à manger pour trois plutôt que pour six, prétextant que les autres ne sont pas obligés de participer à ces corvées. Quant à ceux de Nicolas, ils crient à l'injustice pour toutes sortes de détails, allant de l'heure du coucher aux permissions de sortie.

On ne peut superposer deux aquarelles sans rien perdre de leur esquisse initiale et sans obtenir un résultat incohérent. Avec leur flair habituel, les enfants auront tôt fait de repérer et d'utiliser les failles, forçant les peintres à s'entendre ou à séparer leurs œuvres. C'est donc un tout nouveau tableau qu'il faut songer à peindre. En s'inspirant des anciennes toiles, il faudra décider quels éléments méritent d'être conservés et quels détails peuvent être retranchés, mélangés, déplacés ou échangés, tout cela dans le but de faciliter la vie quotidienne.

Cela dit, la négociation d'un mode de vie est habituellement difficile, car elle ne relève pas que d'un strict souci d'organisation. Des valeurs, des habitudes, des impressions personnelles sont impliquées. De fait, nous avons tous une opinion sur ce qui est une norme acceptable et c'est à partir de cette opinion que nous essayons d'influencer la convention régissant la vie de notre maisonnée. Forgée à la fois par nos dispositions profondes et par le bagage que nous ont transmis nos parents, elle varie d'un individu à l'autre, et même dans les meilleures familles, les parents ont rarement un point de vue identique sur tous les aspects de la vie commune. Parce qu'elle implique subjectivité et émotivité, la négociation est quelquefois corsée. Rien n'est plus relatif que les façons de voir et de faire. Mieux vaut arriver à un compromis plutôt que de s'acharner sur la meilleure règle, l'essentiel étant que les enfants sachent ce que l'on attend d'eux.

Si l'idéal est de parvenir à s'entendre, la conjoncture initiale de la famille recomposée complique la résolution des différends. Que faire, si le nouveau partenaire déteste le bruit et le désordre alors que le parent les a toujours tolérés?

143

Yves a vécu en célibataire pendant dix longues années. Comme il n'a pas l'expérience des enfants, vivre avec Hélène et ses deux marmots est une initiation difficile. Le bruit l'indispose particulièrement. Cris, pleurs, disputes, télévision et jeux vidéo sont le fond sonore de ses soirées. C'est pourquoi il est parfois de méchante humeur. De son côté, Hélène a l'impression qu'il n'aime pas ses enfants.

Caroline est irritée par les « mauvaises habitudes » de sa belle-fille. Personne ne semble lui avoir appris à se laver les mains après les repas, si bien qu'on peut suivre sa trace tout le long du couloir. En plus, ses souliers traînent au milieu du salon et elle ne lève jamais le petit doigt pour ramasser ses jouets. Caroline a le sentiment d'être la boniche de l'histoire, elle qui aime l'ordre et la propreté et qui se voit quotidiennement soumise à des corvées dont elle n'a pas l'habitude. Quand elle en parle à son conjoint, il ne trouve rien de mieux à lui dire que sa fille de six ans ressemble à tous les enfants de son âge.

Il est relativement aisé de négocier quand il s'agit d'organiser la vie de famille, mais dès qu'il est question du bien-être du beau-parent, on a l'impression que ce sujet n'est pas discutable et on attend de l'étranger qu'il se satisfasse de la loi établie. Pourquoi faudrait-il tout chambouler pour une seule personne ? Pourtant, quoi de plus essentiel que d'être bien dans son propre foyer ? Voilà pourquoi le nouveau partenaire ne peut rester éternellement spectateur. Vivant avec des enfants qui n'ont pas appris à tenir compte de lui, il veut, tôt ou tard, défendre son point de vue et faire valoir ses besoins.

Quels critères doivent nous guider dans ces conflits épineux dont l'issue est cruciale ? Le nouveau venu ne peut tout bousculer sur son passage, mais si on refuse de tenir compte de lui, il finira par se sentir brimé. Chacun n'a-t-il pas sa part à accomplir pour que la famille soit un lieu où il fait bon vivre? Jusqu'à quel point peut-on demander à l'enfant de changer? Là réside l'équilibre entre ses intérêts et ceux du beau-parent. Si on ne peut exiger d'un enfant qu'il altère sa nature profonde, qu'il se transfigure ou qu'il devienne un petit adulte, on peut par contre modifier certains de ses comportements en changeant quelques éléments du code de conduite.

La famille recomposée a cependant l'avantage d'allier deux regards complémentaires, celui du parent, qui connaît son enfant, et celui de l'étranger, plus détaché. Si les adultes travaillent à concilier leurs points de vue plutôt qu'à marquer des points individuels, la combinaison a toutes les chances d'être fructueuse.

Écoutons Fred à nouveau :

« Quant à Cyril, qui avait toujours été difficile, il était passé maître dans la résistance passive. À force d'en discuter, Isabelle et moi avons fini par le cerner. Répéter mille fois les mêmes remarques ne servait qu'à entretenir notre exaspération. Aussi avons-nous essayé une nouvelle tactique. Nous avons convenu d'une liste de comportements à changer et nous avons pris les dispositions pour nous faire obéir. Comme Cyril était plutôt fuyant, nous nous assurions d'abord qu'il avait entendu la consigne et qu'il en comprenait la raison. Si, malgré tout, il ne la respectait pas, nous sévissions. L'introduction des punitions a fini par donner des résultats et Cyril sait maintenant qu'il est dans son intérêt d'écouter. »

La négociation du mode de vie est indispensable pour organiser le quotidien et pour assurer l'intégration du nouveau partenaire. Au cœur de ce processus se construit l'équipe parentale. Mieux les adultes s'accordent sur les règles de vie et sur les stratégies pour les faire respecter, plus ils gagnent en efficacité. Quoique le mode de vie soit décidé, rien n'est jamais fixé pour l'éternité. Pour faire face aux nouveaux besoins, comme dans toutes les familles, les conventions seront modifiées.

La répartition des rôles

Quant à la latitude d'action du nouveau partenaire dans le foyer, il dépend de ce que font ensemble les adultes des diverses circonstances qu'ils rencontrent. C'est pourquoi, à l'égard de la répartition des rôles et des responsabilités, la famille recomposée peut avoir une multitude de visages, tout aussi adéquats les uns que les autres. D'un côté, on ne peut contraindre le beau-parent à assumer des responsabilités dont il ne veut pas, comme on ne peut forcer le parent à les partager. De l'autre, les enfants sont là, imposant des limites à son investissement ou, au contraire, réclamant son engagement.

Tous les enfants ont besoin d'adultes qui les guident. Malgré leur ambivalence initiale, et même s'ils ont déjà deux parents, le beau-parent peut devenir une personne importante. La plupart du temps, le désir de s'investir ne manque pas de la part de l'adulte, c'est la façon de faire qui pose un problème. L'élaboration de son rôle auprès du petit ne peut s'accomplir que gra-

duellement, en respectant le lien filial et la hiérarchie naturelle entre les conjoints.

Au début, le parent devra être attentif à ne pas
trop compter sur son partenaire. S'il s'agit du
père, ce n'est pas toujours évident. Depuis des
générations, le domaine familial appartient à la
femme et l'homme s'y sent à l'étroit et moins
compétent ; pourtant, sa compagne ne peut
endosser d'emblée toutes les fonctions mater-
nelles, et nous avons vu pourquoi. Mieux vaut
laisser la nouvelle épouse choisir où sont ses
possibilités et ses limites d'investissement.

Étant donné la différence de statut entre les
adultes, la famille recomposée ne peut initiale-
ment fonctionner comme la famille biologique.
Bien établie, elle peut cependant lui ressembler
considérablement. Mais elle ne sera jamais identique puisqu'une autre caractéristique la distingue : la présence d'un parent extérieur avec
lequel l'enfant garde un rapport privilégié.

6

Le nouveau couple
et l'autre parent

La législation en matière de divorce se fonde,
entre autres, sur la notion d'intérêt de l'enfant.
On considère que, malgré l'éclatement du
couple, celui-ci a le droit d'accéder à ses deux
parents, qui lui doivent soins, entretien et éducation. Ainsi, si le divorce sanctionne la fin du
mariage, il n'efface pas pour autant les obligations associées à une progéniture commune.
Dans le cas où les parents n'étaient pas mariés,
la responsabilité est tout aussi inéluctable.
L'enfant lie donc ses parents et leurs nouveaux
partenaires à un sort commun auquel, d'ordi-
naire, ils ne peuvent échapper : tous participent
à la famille binucléaire, un ensemble plus vaste
que le foyer immédiat.

Si la présence de l'enfant à l'intérieur du foyer
est en soi exigeante, sa participation à un autre
noyau familial n'est pas sans compliquer l'existence du nouveau couple. De fait, les adultes des
deux maisonnées ont beau avoir intérêt à
s'entendre, il ne suffit pas toujours de le savoir
pour que s'installe un climat de confiance. La
persistance de conflits peut constituer l'un des

aspects les plus éprouvants de la vie en famille recomposée. Comment expliquer la présence de tensions et que faire pour y remédier ?

LES SOURCES DE TENSIONS

Il est généralement bénéfique pour l'enfant de maintenir le contact avec ses deux parents, mais il est difficile pour les adultes de supporter la famille binucléaire qui en résulte. L'entreprise dépasse largement le cadre de la famille traditionnelle et la recomposition de l'un des foyers la rend encore plus différente. Partenaires de fortune dans une aventure où ils manquent de repères, le nouveau couple et l'autre parent peuvent aussi avoir des rapports compliqués faisant suite à l'éclatement du premier mariage.

L'héritage du passé

On ne peut parler des relations entre le nouveau couple et l'autre parent sans considérer le passé qui a précédé la recomposition. Tout remariage possède une « préhistoire », écrite par l'ancien couple. Dans certains cas, le dénouement est heureux et l'héritage qui en découle est neutre ou positif. Dans d'autres, plus nombreux, subsistent des tensions quand, pour l'un ou l'autre des parents, le moment vient de refaire sa vie.

Ces tensions peuvent avoir diverses origines. Certaines d'entre elles — et ce sont les plus difficiles à dépasser — tirent leurs racines de l'histoire du premier mariage. Comme le divorce ne change pas la personnalité des anciens époux ni la dynamique relationnelle installée, les vieilles impasses et incompatibilités peuvent venir troubler la réorganisation de la famille. Des années après la rupture, on voit certains couples se battre pour les mêmes peccadilles ou alimenter la relation antagoniste qu'ils avaient développée.

Au moment de la recomposition, des tensions venant du deuil de l'union peuvent survenir. La rupture fait mal et la perte du lien conjugal est longue à assumer. Quand la séparation est mutuellement consentie, les choses sont plus aisées, mais assez souvent, seul l'un des partenaires souhaite rompre. Ces circonstances peuvent stimuler des désirs de vengeance, provoquer un débat inachevé sur les torts respectifs, imprégner les cœurs de rancœur et d'amertume. Quand le deuxième conjoint se présente, les passions ne sont pas toujours dissipées.

Même pour ceux qui l'ont décidée, la rupture est coûteuse : partage des biens, baisse des revenus, solitude, perte du contact continu avec l'enfant. À eux seuls, les enjeux juridiques et les difficultés éprouvées après la séparation suffisent à déclencher des frictions.

Certaines viennent des besoins matériels. Par exemple, le même revenu doit alimenter deux foyers et, tandis que la situation crée un manque, les besoins respectifs des parents se font concurrence. On n'a qu'à songer à la mère qui, héritant de la garde, a du mal à joindre les deux bouts, pendant que le père trouve exagérée la pension qu'elle réclame, ayant en plus ses propres charges.

Quand les parents doivent encore batailler

avec leurs diverses pertes, il est normal qu'ils défendent leurs intérêts. Mais admettre la légitimité de ceux de l'autre partie et accepter de faire des compromis est moins évident. Dans bien des cas, le sentiment d'injustice alimente la révolte et la crainte de faire les frais de la situation prête à l'autre de mauvaises intentions. Une fois semée, l'incompréhension génère l'hostilité.

Les arrangements de la garde et des soins à l'enfant se prêtent également à des conflits. Pour celui qui a la charge principale, le déficit est majeur et, devant l'ampleur de la tâche, sans plus pouvoir compter sur l'absent, il enviera peut-être le bon temps que celui-ci s'offre, et dirigera sur lui doléances et revendications. Le parent parti a tendance à rejeter ces réactions de l'ex-conjoint, ne pouvant rester aussi disponible qu'à l'époque où il partageait le domicile des enfants. Dans ce débat, nul n'a complètement tort ou raison, chacun entretient simplement des attentes en fonction de sa situation.

La justice en matière de partage des responsabilités est relative puisque chacun a son opinion sur les devoirs et obligations de l'autre partie. Le sentiment d'équité vient davantage d'une négociation honnête que d'un calcul des gains et des pertes. Lorsque les divergences d'intérêts ne sont pas résolues, le nouveau couple en hérite.

Les parents séparés ont aussi leurs opinions sur leur enfant, la façon de le soigner et de l'éduquer. Tous les couples connaissent des différends, mais après la séparation, la question de savoir qui l'emporte et dans quel secteur se pose avec acuité.

Mélanie fait des otites à répétition depuis qu'elle est bébé. Sur le conseil de son médecin de famille, la mère, qui a la garde de la petite, consulte un spécialiste. Apprenant par sa fille qu'il est question d'une intervention chirurgicale, le père s'oppose fermement à cette option. Il pense qu'un traitement homéopathique serait plus indiqué et refuse le traitement traditionnel. D'ailleurs, il reproche à son ex-épouse de ne pas avoir pris les mesures nécessaires pour éviter les infections.

Dans la famille traditionnelle, les époux, même s'ils ne tombent pas d'accord, n'ont pas à tenir compte d'un partenaire extérieur. Ici, dans la mesure où les opinions divergent et où chacun des parents veut défendre la sienne, aucune partie ne peut agir comme si elle était seule. Cet état de fait n'est pas évident à vivre et, tandis qu'il faut négocier la répartition des pouvoirs, chocs et contrechocs interviennent.

Le divorce a généralement pour objectif de mettre un terme à une relation devenue douloureuse, intolérable ou insatisfaisante ; mais paradoxalement, il n'élimine pas la nécessité, pour les parents, de rester en rapport. Alors que les tensions du mariage peuvent se perpétuer dans la famille binucléaire, la rupture et ses conséquences entraînent d'autres difficultés. Associées au deuil de l'union, à la concurrence des besoins ou à la répartition des pouvoirs, ces tensions peuvent être dissipées par la volonté d'arriver à une entente mutuellement satisfaisante, mais le temps seul arrange rarement les choses. Dans tous les cas où il subsiste de l'animosité entre les parents, le nouveau couple en hérite.

Les situations nouvelles

Si la recomposition est obligatoirement affectée par l'état des relations entre les anciens époux, elle transforme en même temps le paysage de la famille binucléaire :

Depuis sa séparation d'avec Sophie, tous les mercredis soir et les samedis, Joël regagne son ancienne demeure pour partager un peu de temps avec ses enfants. Il arrive qu'il vienne plus souvent pour rendre service à Sophie. Il accomplit même certains travaux qui lui revenaient à l'époque où ils étaient ensemble. Pareil accommodement fait le bonheur de tous. Les enfants voient leur père régulièrement et connaissent peu de changement par rapport à autrefois. Sophie est soulagée des frais de gardiennage et d'entretien de la maison. Quant à Joël, qui habite un studio, il trouve plus pratique de voir ses enfants sur place.

Mais au bout d'un moment, voilà que Sophie commence à fréquenter un homme plus sérieusement. Elle fait de moins en moins appel aux services de Joël, lui réclame une compensation financière plus élevée et, bientôt, lui demande de trouver un autre lieu pour voir les enfants...

L'arrivée d'un partenaire sérieux dans la vie d'un parent est un événement qui marque la structuration de la famille binucléaire et la relation entre les ex-conjoints, particulièrement dans le cas où ces derniers n'ont pas achevé la coupure. Apprendre à se détacher de l'ancien époux est l'un des grands défis du divorce. Généralement, c'est à mesure qu'ils se construisent une existence satisfaisante et s'adaptent à leur fonction de parent solitaire, que les anciens partenaires parviennent à laisser le passé derrière eux. Finalement, ce processus conduit à ce qu'on pourrait appeler « l'individuation » de chaque foyer : les parents sont à présent capables de se laisser assez d'espace pour continuer leur vie en adultes séparés, tout en maintenant les contacts appropriés pour satisfaire les besoins de leurs enfants.

Le parcours est tantôt long, tantôt rapide, mais le remariage accélère souvent les choses et peut compliquer les rapports entre les deux foyers.

La situation est peu réjouissante pour le parent qui reste célibataire. Elle met en évidence l'irréversibilité de la rupture, ravive les blessures, les raisons du divorce, stimule le ressentiment. Par-delà cette perception douloureuse, le remariage impose des réajustements qui deviennent synonymes de pertes supplémentaires :

« Depuis qu'il vit avec cette femme, raconte Sylvie, j'ai vraiment l'impression que Jean délaisse les enfants. Auparavant, il se souciait de nous, mais maintenant, c'est elle qui passe en premier. Par exemple, notre fille prend des cours de gymnastique et, l'année dernière, son père s'occupait du transport. Lorsque je l'ai contacté pour lui dire que je l'avais réinscrite mais que le cours était reporté au jeudi soir, il m'a répondu que lui et sa compagne avaient déjà réservé cette soirée pour jouer au tennis. Tout ce qu'il a trouvé à me dire pour s'excuser, c'est qu'il était désolé... Il aurait pu au moins essayer de modifier son horaire ! Par rapport à une foule de détails, les choses ont changé. Il est moins souple qu'avant, moins disposé à nous rendre service. J'ai du mal à lui pardonner car j'estime que les enfants devraient être plus importants que sa vie conjugale ! »

Si l'autre parent a si souvent le sentiment d'être laissé pour compte et désinvesti de son importance, c'est que le cumul des pertes est réel puisque l'accès à l'ancien partenaire et à ses services devient moins facile. Entraîné dans une situation qu'il n'a pas choisie et qui le laisse perdant, il est porté à faire pression pour le maintien du *statu quo*, ce qui n'est pas sans exaspérer le parent remarié qui, de son côté, défend les intérêts de son nouveau foyer :

« Pour Sylvie, explique Jean, tout se passe comme si notre vie d'avant existait encore, avec les mêmes obligations et responsabilités. Quand donc acceptera-t-elle de me laisser vivre ma vie ? Mon devoir de père, je le remplis déjà, mais jamais comme elle le souhaiterait. En plus des trois jours par semaine où je garde les enfants, il faudrait que je la dépanne dès qu'elle en a besoin. Je ne suis pas son serviteur ! J'ai mes priorités. C'est déjà difficile pour ma nouvelle compagne. Si je la délaissais dès que Madame téléphone, qu'adviendrait-il de notre relation ? »

Lié par ses engagements récents, le parent remarié a de nouvelles priorités qui obligent les ex-époux à renégocier les termes de leur entente. Les débats sur la répartition des pouvoirs et des responsabilités reviennent en force. Comme les parties ont moins que jamais la même perspective, l'incompréhension peut être mutuelle et à son comble. L'accumulation des rancœurs est à la hauteur des attentes que l'un continue d'entretenir et que l'autre ne peut plus remplir.

Quand les parents sont tous deux remariés, ou quand le processus d'individuation des foyers est achevé, les choses sont plus aisées. Cependant, la concurrence des intérêts reste une chose possible. Au sein d'une famille binucléaire, il y a toujours des besoins à négocier et l'introduction d'un nouveau partenaire tend à complexifier la situation. Comment, par exemple, satisfaire tout le monde quand, pour fixer la date des vacances, il faut concilier trois ou quatre emplois du temps ? Et que dire des questions vitales comme celle du budget ? Un père peut très bien se retrouver avec des responsabilités financières supplémentaires tout en restant lié à ses anciennes obligations. Ses ressources n'étant pas multipliables, chaque foyer peut se sentir lésé.

En fait, pour l'ancien et le nouveau partenaire, il est souvent frustrant d'avoir à faire des compromis pour satisfaire des besoins étrangers et, avant que chacun soit habitué, la situation suscite des frictions. Pour le premier, il n'est pas aisé d'accepter la présence de nouvelles limites et pour le second, il n'est guère plus facile de s'accommoder aux demandes de l'autre foyer. C'est pourquoi, durant les premières années, le parent remarié peut se sentir écartelé entre les exigences plus ou moins raisonnables de chacune des parties.

Un autre paramètre contribue à modifier le paysage de la famille binucléaire : un étranger, le beau-parent, est appelé à côtoyer l'enfant et à exercer un rôle auprès de lui. C'est là une nouvelle dimension que l'on ne peut éviter et qui est délicate à appréhender. Trouver sa juste place ou s'assurer de la conserver deviennent souvent les enjeux d'une bataille qui peut être initiée par l'une ou l'autre des parties.

L'autre parent, qui subit une perte d'exclusivité, connaît la peur d'être éclipsé ou la crainte que l'enfant ne préfère l'autre foyer. Ces éléments déstabilisants ont parfois un certain fondement. Il arrive que, par souci de mieux rebâtir, les nouveaux époux croient légitime d'accaparer tout le giron familial. Apprendre à partager ses prérogatives de parent biologique n'est pas aisé. Cela demande une grande confiance en soi.

Le nouveau venu, lui, doit se tailler une place et cette démarche est plus délicate que si le terrain était vierge. Il perçoit fréquemment le parent du même sexe comme un redoutable rival. Cela est d'autant plus inévitable que l'enfant a tendance à idéaliser le parent absent.

La peur de ne pas trouver sa place et la crainte d'être supplanté peuvent se répondre. Elles poussent tantôt à se montrer le meilleur, tantôt à jeter le discrédit sur l'autre partie. Mesquines mais humaines, ces réactions alimentées par la rivalité génèrent des tensions. D'ailleurs, l'enfant peut y contribuer en rapportant les messages à transmettre, ou de sa propre initiative.

Comme elle a lieu durant la période qui succède au divorce, la recomposition est affectée par l'état des relations antérieures. Celles-ci en sont également bouleversées.

L'ART DE VIVRE EN FAMILLE BINUCLÉAIRE

Dans l'esprit de la loi, tant que l'enfant n'est pas élevé, aucun des parents ne peut faire comme si l'autre n'existait plus. L'établissement d'un rapport sain entre les deux foyers repose sur l'acceptation de ce devoir parental. Mais on peut heureusement transformer le contact forcé en association profitable. Dans bien des cas, il suffit que chacune des parties reconnaisse la légitimité de l'autre et les limites de son propre pouvoir. Avec le temps et de la bonne volonté, les rapports s'harmonisent.

Territoires communs et espaces privés

La meilleure garantie d'un bon rapport entre les foyers est le respect mutuel de leurs droits respectifs. Il n'est pas toujours évident cependant de savoir quand les droits de l'un interfèrent avec ceux de l'autre. C'est pourquoi il importe de se faire une idée claire sur les limites et les possibilités du pouvoir de chacun.

Que le parent ait ou n'ait pas la garde, son droit fondamental est celui d'accéder à son enfant. À moins que la justice n'en décide autrement, on ne peut priver un parent du temps fixé pour la visite de son enfant sans lui donner un motif sérieux de contester la garde. Le droit d'accès à l'enfant confère également le droit de communiquer avec lui par écrit ou par téléphone, ainsi que le droit d'être informé sur les grandes lignes de son développement : éducation, santé, travail scolaire et bien-être général. Dans la mesure où l'intérêt de l'enfant le justifie, arrangement de garde et droit d'accès restent révisables.

Comme la loi affirme la légitimité de chaque parent, il semble essentiel à chacun de reconnaître celle de l'autre. À un premier niveau, il ne faut pas empêcher le lien que chacun désire entretenir avec l'enfant, mais au-delà, s'ouvrir à un certain partage respecter l'apport de l'autre, transmettre, sans s'offusquer, les informations demandées et, au besoin, consentir à discuter sont les éléments qui construisent de bons rapports.

Mais ce territoire commun où chacun peut exercer ses droits reste étroit. Malgré leur charge commune, les deux foyers sont des entités séparées qui poursuivent une vie propre avec sa trajectoire et ses priorités. Ainsi, la légitimité d'un parent ne peut devenir prétexte à l'ingérence, l'envahissement ou le contrôle sans qu'en souffre le rapport entre les deux noyaux.

Alex et Carmen sont consternés d'apprendre qu'Estelle, qui a huit ans, va chercher le vin de son père et les cigarettes de sa belle-mère chez l'épicier du coin. Carmen croit de son devoir de faire savoir à son ex-mari qu'elle trouve la situation inacceptable, mais cela lui vaut une réaction agressive. Le père rétorque qu'il fait ce qu'il veut lorsque sa fille est chez lui.

Participant à un groupe de couples vivant en famille recomposée, Alex et Carmen soumettent leur problème aux autres. Plusieurs parents et beaux-parents disent éprouver les mêmes inquiétudes lorsque l'enfant se trouve sous l'influence de l'autre foyer. Tous s'entendent sur l'idée que, dans l'intérêt de la petite, il faut faire quelque chose, mais quoi? Conscient des enjeux, l'un des animateurs propose une série de solutions : Carmen pourrait retourner devant le juge demander l'exclusivité de la garde; ou bien, la déchéance parentale pourrait être envisagée à l'encontre du père. Alex et Carmen trouvent chacune de ces propositions pires que le problème qu'elles sont censées régler ; après tout, le père n'est pas alcoolique et ne néglige pas sa fille. Donc, il est clair pour l'ensemble du groupe que, à moins d'une situation réellement nocive pour l'enfant, la résignation est souvent la meilleure solution.

Personne n'aime s'entendre critiquer ni se voir imposer un point de vue étranger. C'est vrai, les deux foyers peuvent apprendre l'un de l'autre, échanger leurs idées au sujet de l'enfant commun, s'entendre même sur les grands aspects de sa vie. Mais il est intolérable, pour l'une ou l'autre des parties, de se laisser envahir ou contester.

Cette limite est difficile à reconnaître car elle implique un renoncement. Se sentir impuissant devant le sort qu'ailleurs on réserve à l'enfant peut être inquiétant, frustrant, mais aucune partie ne peut détenir le monopole ni contraindre l'autre à son point de vue. Pour mieux vivre cette formule binucléaire, il faut renoncer à ce qui échappe, développer la tolérance et le respect des espaces privés.

Partage des responsabilités et obligations des parties

Ici comme ailleurs, le champ commun est mince. Il consiste en un souci partagé du bien-être de l'enfant. Les deux foyers peuvent se concerter et coopérer, mais comme chacun a ses priorités, nul ne peut être à la disposition de l'autre.

Lorsque les foyers se renvoient la responsabilité de l'enfant, celui-ci se retrouve entre deux familles et s'y perd.

Une rencontre de couples vivant en famille recomposée donne lieu à un débat passionné, pour savoir qui hérite des plus mauvaises conditions : ceux qui ont la garde durant la semaine ou ceux qui l'ont certains week-ends. Le clan « Parents à temps plein » fait d'abord valoir qu'il a la lourde tâche des besoins quotidiens des bambins, pendant que les autres peuvent s'adonner à leurs activités d'adultes et se réserver des moments privilégiés. Le clan « Parents à temps partiel » rétorque que sa position n'a rien de si facile, malgré les apparences. D'abord, il est pénible d'être privé d'une relation journalière avec le petit. Comme le contact est décousu, il faut du temps pour le renouer. Parfois aussi, ces parents doivent faire un long trajet pour prendre et reconduire l'enfant. Surtout, ils doivent réaménager son mode de vie à chaque visite, ce qui est épuisant. À peine le lien est-il un peu rétabli, voilà déjà le moment de dire : « À la prochaine fois ! »

Rien de plus efficace pour nourrir le sentiment d'injustice que de comparer ses propres inconvénients aux facilités de l'autre ! Prendre conscience de la position par moments peu enviable de son vis-à-vis peut aider à surmonter nos frustrations. De là, il n'y a qu'un pas pour reconnaître la valeur de sa contribution et profiter des avantages de la situation, car la famille binucléaire a l'avantage incontestable et parfois envié de fournir des occasions de répit.

Dans l'esprit de la loi, les deux parents sont tenus de contribuer à l'entretien de leur enfant, dans la mesure de leurs capacités financières respectives. Mais cependant, la règle de l'équité n'est pas si facile à appliquer et laisse encore assez de latitude pour transformer l'atout en frustration.

D'un côté comme de l'autre, le sentiment d'avoir trop à payer est fréquent. Se perdre en calculs mesquins, épier les dépenses ou le niveau de vie de l'autre font parvenir à cette conclusion souvent erronée. Même quand l'injustice est réelle, laisser faire est parfois mieux que d'entreprendre un procès coûteux. Aucune loi ne peut se substituer à la bonne volonté.

Si le souci d'équité est légitime, il ne doit jamais l'emporter sur le bien-être de l'enfant; c'est lui qui lie les parties, non les obligations communes. Ici devrait résider l'essence du partage des responsabilités. La famille binucléaire a l'avantage de le permettre. Mais si l'on se préoccupe davantage de retirer des bénéfices, ou lorsque la recherche d'équité devient une lutte pour l'égalité, l'enfant ne peut qu'être perdant. Ce dont il a le plus besoin, c'est d'adultes qui le prennent en charge : pas à moitié, mais en totalité.

Gestion et protection des territoires

Dans une famille binucléaire, si l'une des parties reste dépendante de l'autre ou s'ingère injustement, stress et frustrations surgissent. Deux talents assurent donc la bonne marche de l'entreprise : le respect des frontières, et la gestion efficace de son propre terrain.

Le respect des frontières implique qu'on les

identifie, que l'on discerne quand et comment il est légitime de demander ou de discuter. On y parvient en reconnaissant à l'autre le droit à son espace et à ses différences, en développant notre capacité à faire confiance, à accepter les limites de notre propre pouvoir.

La gestion efficace du foyer consiste à assumer la responsabilité de l'enfant lorsqu'il est présent, à lui donner les soins et directives sans compter sur l'autre pour soulager, ni pour régler à notre place ce qui survient. Cela ne veut pas dire ne pas prendre conseil ou ne rien projeter avec l'autre partie. Bien au contraire : sur notre territoire, c'est à nous de mettre en application les principes discutés.

Quand nous regardons l'autre partie comme notre prolongement ou quand nous lui refusons d'être différente, celle-ci a de bonnes raisons de vouloir rejeter les ingérences, surtout si elles sont répétées. Elles empoisonnent la vie et encouragent le ressentiment. Mettre en application ses limites avec tact et respect est une façon de les arrêter. On peut discuter franchement la question, le dialogue ouvrant sur une meilleure compréhension quand ce n'est pas sur un compromis.

L'ingérence n'est possible que dans la mesure où elle est acceptée. Quant à la dépendance, elle ne peut continuer si l'on cesse de l'alimenter :

Frank et Viviane sont attendus chez des amis pour dîner. Comme ils s'apprêtent à partir, le téléphone sonne. Au bout du fil, l'ancienne épouse de Frank explique qu'elle n'arrive pas à faire obéir leur garçon. Ce scénario n'est pas nouveau : appel à l'aide désespéré, suivi de l'opération sauvetage... Viviane en a assez. Il y a trop longtemps qu'elle subit ce genre de situations, mais ce soir, pas question pour elle de céder ! À la fois inquiet et mal à l'aise, Frank lui donne raison : il ne peut éternellement voler au secours de la mère et de son fils. Il prend son courage à deux mains et la rappelle. Il ne viendra pas ce soir, ni la prochaine fois. Dorénavant, elle devra se débrouiller. Il veut bien discuter, mais plus question d'intervenir.

L'orage passé, tous sont étonnés du résultat. La mère du garçon s'est découvert une autorité qu'elle ne se connaissait pas et a repris confiance en ses capacités...

Dans certains cas, les crispations associées à l'ingérence et à la dépendance peuvent être réglées quand le foyer qui les subit finit par protester et s'affirmer. Le résultat n'est pas toujours instantané car il implique un cheminement, mais ensuite, tous en retirent des bénéfices. Comme le rapport est moins tendu, la voie est libre pour s'apprécier mutuellement.

Gérer et protéger son espace, c'est aussi éviter de porter la responsabilité sur les autres quand quelque chose ne va pas chez soi. L'appartenance de l'enfant à deux noyaux familiaux peut occasionner des soucis lorsque, par exemple, il utilise les différences pour en tirer avantage, ou encore quand il revient agité de chez l'autre parent. On doit comprendre ces réactions comme étant associées à la formule, et non comme relevant d'une faiblesse de l'autre partie.

Pour qu'une famille binucléaire fonctionne bien, il faut que les adultes soient capables d'assumer leurs rôles tout en reconnaissant à l'autre partie le droit à des choix différents. C'est seulement sur cette base qu'un territoire commun peut se construire.

La vie en famille binucléaire, on le voit, est exigeante et surtout complexe. Certains problèmes peuvent être longs à résoudre et même rester insolubles. Il n'est pas donné à tous de s'adapter, la souplesse, l'ouverture ayant leurs limites. Si nous sommes en face d'un interlocuteur rigide, nous n'avons d'autre choix que de calmer le jeu. Il arrive aussi que notre vis-à-vis soit victime de problèmes qui rendent impossible l'avènement d'une association fructueuse : il est alors plus important que jamais, pour l'enfant comme pour nous, de nous concentrer sur notre propre famille.

7

L'approfondissement
des nouveaux liens

Pour le nouveau couple, la recomposition comporte son lot d'exigences et de difficultés. D'un côté, il faut faire du foyer un lieu adapté à tous les membres, construire la relation conjugale sans négliger les enfants, organiser la vie commune. De l'autre, il faut composer avec l'existence d'un second noyau familial. Que peuvent espérer, pour demain, les époux qui aujourd'hui sont confrontés à ces contingences ? Peuvent-ils, à l'exemple de Fred et d'Isabelle, chercher à surmonter les défis rencontrés, ou doivent-ils parfois apprendre à modérer leurs attentes ?

LE LIEN CONJUGAL

Les efforts fournis pour remplir les obligations familiales font souvent perdre de vue l'objectif de la recomposition : la réalisation des aspirations conjugales. Que peuvent espérer ceux qui naviguent actuellement dans l'eau trouble des besoins à concilier? Que devient le lien conjugal au fil des années? Tout ce travail en vaut-il la peine? Si leur ardeur initiale ne s'est pas abîmée dans la mer agitée des premiers temps et s'ils se laissent de moins en moins ébranler par les lames de fond, les époux peuvent alors goûter le plaisir souhaité... et retirer des bénéfices inattendus.

D'après les époux

Retrouvons Isabelle :

« Voilà déjà un bon moment que l'ouragan familial s'est calmé. Ève est devenue sociable et Antoine ne dérange plus nos nuits. Quant à Cyril, il s'est assagi d'une manière incroyable. Je m'étonne moi-même des résultats... Je me surprends à penser que nos efforts ont été bénéfiques et que nous commençons à en récolter les fruits. Non seulement nous avons notre maisonnée bien en main, mais nous avons davantage de temps à nous consacrer. De plus, une chose dont Fred et moi ne doutons pas, c'est que nous nous aimons! D'avoir osé livrer cette bataille et de l'avoir gagnée a contribué à nous rapprocher. »

À mesure que les époux s'adaptent à leur nouvelle vie et prennent la famille en main, ils ont plus de temps pour approfondir leur lien. L'épreuve du feu forge une relation solide. D'abord, l'adversité fait appel au meilleur et au pire de nous-mêmes. Elle contribue à nous révéler notre nature profonde, à rencontrer celle de l'autre, ce qui donne l'espace à plus d'intimité. Si la présence des enfants a eu un premier effet de

168

diviser les époques, le dépassement graduel des difficultés a construit la cohésion entre eux, si bien que ce qui était d'abord source de tension devient peu à peu élément de satisfaction.

Malheureusement, ce résultat positif n'est pas toujours possible. Le défi que représente la recomposition est considérable et les problèmes posés par les enfants peuvent étouffer les meilleures volontés. La faillite de l'aventure ne vient pas nécessairement de l'extinction graduelle de l'amour et de son insuffisance. Parfois, les difficultés rencontrées sont tout simplement insurmontables. Dans pareilles circonstances, mieux vaut regarder la réalité en face plutôt que de chercher un coupable.

D'après les enfants

Écoutons le témoignage de Fred :

« L'attitude des enfants vis-à-vis de notre couple s'est aussi transformée. Tout me porte à croire que nous avons maintenant leur estime et leur reconnaissance. Par exemple, ils ont voulu souligner notre dernier anniversaire de mariage en organisant une petite surprise ! C'était la première fois que cela se produisait. Isabelle et moi n'en revenions pas, car leur complicité contrastait singulièrement avec les têtes renfrognées des premiers temps. À l'heure du dîner, ils se sont présentés chacun avec un petit cadeau : Antoine et Cyril avaient fabriqué une carte de vœux, et un porte-crayon recouvert de papier mâché. Quant à Ève, avec la coopération d'Isabelle, elle avait réussi à se procurer une bouteille de vin. Elle nous a d'ailleurs obligés à le boire en tête à tête car elle tenait absolument à ce que nous fêtions l'événement.

« Quelques jours auparavant, j'avais surpris Cyril en train de bouder dans sa chambre. Isabelle et moi venions de nous disputer et comme j'insistais, il a fini par m'avouer qu'il craignait qu'elle ne parte. J'ai trouvé les mots pour le rassurer. Surtout, je lui ai fait comprendre qu'il n'était nullement question de séparation. Devant le succès de mon petit discours, j'ai compris à quel point la survie de notre couple était devenue importante à ses yeux. »

Pour les enfants du divorce, vivre avec un couple qui résiste et voir des époux qui s'aiment peut constituer une expérience réparatrice et rassurante. C'est pourquoi, lorsqu'ils se mettent à croire à la persistance du lien, même si la peur de le perdre à nouveau demeure, le désir de retrouver le paradis familial perdu finit par céder devant celui de préserver leur nouveau milieu. Lorsqu'elle transparaît, la gratitude des enfants a une valeur inestimable pour les adultes, et surtout pour le parent qui, au départ, craignait tant pour ses protégés. Quelle que soit la forme de l'expression, elle confirme la légitimité des efforts que l'on a faits pour construire une relation viable et édifier une famille.

Pourtant, la reconnaissance ne se force pas. Il ne faut ni l'attendre ni s'offusquer si elle ne vient pas. Dans toutes les familles, les enfants sont plus souvent ingrats que reconnaissants et c'est parfois longtemps après avoir quitté le nid, quand ils deviennent eux-mêmes des parents, qu'ils finissent par témoigner admiration et estime pour ceux qui les ont élevés.

LES LIENS NOUVEAUX

Le lien conjugal a l'avantage d'avoir été désiré. Cependant, son implantation donne naissance à une autre gamme de relations ayant, pour leur part, le handicap d'avoir été forcées. Que peut-on espérer de ces liens plus ou moins consentis? Le travail du temps suffit-il à les transformer? Que peut-on attendre, de façon réaliste, selon les circonstances?

Entre l'enfant et le beau-parent

La relation entre un parent et son enfant est le produit de la rencontre entre deux individus, chacun apportant ce qu'il est, son tempérament, ses inclinations profondes, ses forces et ses faiblesses. Lorsque les composants s'accordent, le résultat est heureux; mais, parfois, l'alchimie est décevante, des éléments s'avèrent difficiles à concilier.

La relation entre l'enfant et le beau-parent subit, fondamentalement, les mêmes aléas. Voici ce qu'en dit Fred :

« Passé l'époque des cauchemars, je me suis attaché facilement au petit Antoine. Il faut dire que, dès le départ, il y avait des atomes crochus entre nous. Comme il adore le bricolage et la pêche, il a vite réclamé de me suivre. Au début, j'étais un peu réticent. Je ne voulais pas prendre la place de son père; d'autre part, je craignais pour mon propre garçon. Mais je n'ai pu résister bien longtemps. Antoine ne demandait qu'à apprendre, si bien que notre relation s'est très vite resserrée. Du reste, j'avais l'impression qu'il était temps qu'il quitte les jupes de sa mère. »

Quand l'enfant est en bas âge, sa malléabilité garantit, presque à coup sûr, un attachement rapide et satisfaisant. Plus souple et plus ouvert, le tout-petit accueille facilement l'influence et l'affection d'un beau-parent.

Avec l'enfant plus âgé, cependant, l'importance des résistances et la peur de trahir l'absent rendent les choses moins aisées. Revenons à Isabelle :

« Au fil du temps, j'ai dû me rendre à l'évidence : je ne pouvais avoir avec Ève la relation que je souhaitais au début. J'avais oublié qu'une mère ne se remplace pas si facilement, que les années passées sans elle n'effacent pas celles vécues auprès d'elle. Quoi qu'il en soit, Ève, aujourd'hui, n'a rien à voir avec celle qui me défiait et souhaitait mon départ. Maintenant, elle me parle parfois de ses problèmes d'adolescente et de ses rêves d'avenir, ce que je considère comme un grand privilège. Je perçois mon rôle auprès d'elle comme celui d'une conseillère et je suis heureuse de la confiance qu'elle me témoigne. »

Avec l'adolescent ou l'enfant du primaire, construire une relation prend du temps, même quand on peut compter sur des affinités. Les espérances du début sont rarement satisfaites. Mais, patience et tempérance ouvrent la voie à un lien authentique qui reste à développer. L'attachement se construit graduellement et la différence avec le lien biologique s'estompe. Peu à peu, l'enfant de l'autre devient sien, et le conjoint du parent se transforme en parent.

Avec la progression de ce travail de fond, vient parfois la reconnaissance. Pour le beau-parent qui s'est investi, il n'y a pas de récompense plus précieuse, bien qu'il doive apprendre à se contenter de ce qui est donné. Tout progrès dans la relation est appréciable. Trop souvent, nous restons aveugles à des petits détails qui confirment l'importance que nous avons acquise. Pourtant, une confidence, une demande d'aide pour telle ou telle activité, un plaisir partagé sont des signes éloquents de confiance et de réciprocité.

S'il est permis d'espérer bâtir sur la base des affinités, qu'attendre de la relation quand celles-ci n'existent pas ?

Poursuivons l'aventure d'Isabelle :

« Cyril ? Bruyant, désordonné, indiscipliné... le chemin de croix pour une belle-mère ! Au début, je m'étais donné comme mission de le remettre sur le droit chemin. Mais j'ai dû, là aussi, déchanter. Après tout, pourquoi aurais-je eu plus de succès que ceux qui m'avaient précédée ? Mais quelque chose me retenait de baisser les bras. C'était simplement que j'aimais Fred et que, dans les conditions qui prévalaient, la vie commune ne m'apparaissait pas vivable. Plutôt que de faire mes valises, j'ai entrepris de parler avec mon mari et de solliciter son appui, si bien qu'aujourd'hui, je prends à mon crédit une part des éloges qui nous sont adressés pour Cyril.

« Cela dit, Cyril est sans doute la personne dans la famille qui m'a le plus transformée. À travers la lutte qui s'est installée, j'ai appris à connaître ses qualités. Sans doute y a-t-il des enfants plus difficiles que d'autres. Comme je n'avais qu'Antoine en arrivant, j'imaginais qu'ils devaient tous lui ressembler.

J'admets maintenant que j'ai eu mes torts. J'ai parfois manqué de tolérance envers Cyril et je n'ai pas toujours rendu justice au travail accompli par Fred et Maryse.

« Aujourd'hui, Cyril reste mystérieux, mais notre relation a radicalement changé. Je me suis habituée à lui et il s'est habitué à moi. Surtout, je ne me vois plus dans la peau de la méchante belle-mère. En vérité, j'ai acquis la conviction qu'il a besoin d'être encadré et je me sens parfaitement apte à contribuer à cette tâche. D'ailleurs, je me demande si Cyril n'apprécie pas que je lui tienne tête... »

L'enfant difficile ou incompatible est déjà un défi de taille pour n'importe quel parent mais, croisant le destin d'un beau-parent, il devient comme un tourment. De fait, là où le premier a bénéficié d'expérience pour savoir que l'enfant est capable d'affection, le second se sent rapidement rejeté. Devant l'inévitable échec d'avoir voulu transformer l'enfant, on sent monter en soi le spectre de l'ogre ou de la marâtre. Ni souhaité ni invité, celui-ci se dresse en obstacle sur la route de l'attachement. Cependant, lorsque les circonstances sont favorables, que le temps et la solidarité entre époux le permettent, ce fantôme peut être vaincu. Alors, l'incompatibilité initiale se transforme en une richesse insoupçonnée.

Cette conclusion heureuse n'est cependant pas toujours possible. Parfois, il faut se résigner : s'accommoder l'un de l'autre est le mieux qui puisse se produire. Dans d'autres circonstances, le handicap est tel qu'il conduit au naufrage. Enfin, il arrive aussi que le temps passé avec l'enfant ne soit pas assez long pour permettre une intégration réussie.

L'incompatibilité initiale ne conduit donc pas nécessairement à l'impasse, même quand elle ne peut être entièrement surmontée. Comme dans les cas où l'on peut compter sur les affinités, l'évolution de la relation dépend du temps et d'une multitude de facteurs : âge de l'enfant au moment de la recomposition, intensité et durée de ses résistances, solidarité entre les époux, adaptabilité des protagonistes, fréquence des moments passés en famille. L'issue est donc imprévisible, pouvant être plus ou moins heureuse que celle que l'on avait envisagée.

Entre l'ex et le nouveau conjoint

Dans le cadre d'une famille binucléaire, la recomposition oblige à un contact entre ancien et nouvel époux. Un lien peut-il vraiment se développer entre ces partenaires de hasard? Au mieux, on peut escompter la collaboration et l'entente. Le résultat dépend surtout de l'alliance entre le temps et les circonstances.

C'est toujours Isabelle qui parle :

« Avant le remariage, c'était déjà facile entre Richard et moi, tandis qu'entre Maryse et Fred, ça n'allait pas aussi bien. Richard n'a jamais songé à réclamer la garde, surtout que son travail l'éloignait très souvent. C'est d'ailleurs pour cette raison que, encore aujourd'hui, il ne voit pas Antoine régulièrement. Avec lui, on est bien obligé d'être souple, ce que, de toute façon, il nous rend au besoin. Je crois que, depuis longtemps, il a accepté l'idée que je pourrais refaire ma vie avec la conséquence que son fils se lierait à un autre homme. Ses rapports avec

175

Fred ont toujours été cordiaux, même si, au début, nous nous sentions un peu mal à l'aise.

« Fred et Maryse ont d'abord choisi la garde partagée, mais l'horaire irrégulier de Maryse rendait les choses très compliquées, si bien que, sur l'insistance de Fred, elle s'est résignée à prendre les enfants un week-end sur deux. Je crois qu'elle n'avait pas digéré ce revers car, lorsque je suis entrée dans la vie de Fred, la question de la garde est redevenue problématique. Au bout de maintes discussions, elle a dû à nouveau se résigner, car ses horaires ne s'étaient pas réorganisés. Cette histoire n'a pas aidé nos rapports, qui sont restés longtemps froids et distants. Elle m'ignorait et j'essayais de faire de même. Avec le temps, et surtout avec l'arrivée de Pierre dans sa vie, le climat s'est détendu. Aujourd'hui, nous n'essayons plus de nous éviter, même si Fred sert habituellement d'intermédiaire entre nous. Et puis, comme l'existence de Maryse s'est transformée, le retour d'Ève chez sa mère est une chose possible. Je n'y ferai certainement pas obstacle, car je sais qu'Ève y songe sérieusement. Aussi, je me prépare à cette éventualité et, qui sait, peut-être serai-je utile pour convaincre Fred ? »

S'ils parviennent à se reconnaître l'un l'autre comme participants légitimes à une entreprise plus vaste que le foyer immédiat, l'ancien et le nouveau partenaire sortent gagnants de leur aventure forcée. Ici plus que jamais, les paroles du Prophète prennent leur sens :

> « *Vos enfants ne sont pas vos enfants.*
> *Ils sont les fils et les filles de la Vie qui a*
>   *soif de vivre encore et encore.*
> *Ils voient le jour à travers vous mais non*
>   *pas à partir de vous.*
> *Et bien qu'ils soient avec vous, ils ne sont*
>   *pas à vous.*

*Vous êtes les arcs par lesquels sont projetés
vos enfants comme des flèches vivantes.
L'Archer prend pour ligne de mire le chemin
de l'infini et vous tend de toute Sa
puissance pour que Ses flèches s'élancent
avec vélocité et à perte de vue.
Et lorsque Sa main vous ploie, que ce soit
alors pour la plus grande joie.
Car de même qu'Il aime la flèche qui fend
l'air, Il aime l'arc qui ne tremble pas* [1]. »

À mesure que la rivalité s'estompe et que s'installe le respect, la famille binucléaire devient une famille à multiples parents, avec tous les avantages que cela procure aux petits comme aux grands. Pour y arriver, les affinités, l'entente absolue, la collaboration de tous les instants ne sont pas nécessaires. Il suffit que chacun le souhaite et se centre sur les besoins de l'enfant. C'est ainsi que, de plus en plus souvent, on voit les adultes des deux foyers passer outre au malaise ou à l'antagonisme pour se réunir autour d'un événement important : anniversaires, examens, mariage ou autre étape symbolique dans la vie de l'enfant.

1. Khalil Gibran, *Le Prophète*, Éditions J'ai lu, n° 4053, pp. 25 et 26.

Conclusion

Bon nombre de familles comme celle d'Ève, Cyril et Antoine, lorsqu'elles persévèrent, peuvent parvenir à trouver stabilité et satisfaction. Pour le couple fondateur, l'expérience est exigeante. Mais si l'amour, l'engagement et le désir de réussir sont réels, et si les époux ne sont pas avares de leur temps et de leurs efforts, les éléments d'une réussite apparaissent. Cependant, l'aventure est hasardeuse. Trop nouvelle, elle est encore mal connue. Cet ouvrage voulait offrir sa modeste contribution pour pallier le manque de la tradition.

Notre intention était de montrer comment la recomposition se vit communément et journellement, de sorte que les gens qui l'expérimentent s'y retrouvent. Jusque-là, ils se sentaient seuls devant les difficultés, portés à se comparer injustement au couple de la famille intacte. En proposant une approche différente de leur situation, nous avons voulu substituer la connaissance aux inquiétudes et aux préjugés nuisibles. Sans essayer de nier les problèmes — car nous pensons que les reconnaître est le premier pas vers leur résolution —, nous n'avons pas cherché à noircir le tableau. Ce n'est pas par hasard que nous n'avons pas traité d'abus sexuel, de violence conjugale, d'alcoolisme ou autre drame de la vie familiale. Si ces problèmes sont parfois rencontrés dans le cadre d'une recomposition, ils n'en constituent pas la norme.

Malgré la multitude de formes qu'elles peuvent prendre, toutes les familles recomposées suivent un cheminement comparable, peuplé des mêmes embûches, défis et jalons. C'est cette voie commune que nous avons voulu reparcourir, dans l'espoir d'en dégager les balises. Deux réalités caractérisent ces familles : la nécessité de se construire et celle de prendre en considération ce qui les précède. Les problèmes viennent de l'antagonisme entre les deux tâches et de l'incompatibilité initiale des besoins et des intérêts des participants. Enclenchée par le nouveau couple et subie par les autres membres, l'aventure se dénoue pour le mieux lorsque chacun parvient à y trouver satisfaction. L'objectif visé est la conjugaison du passé et du présent, et l'entreprise demande une foule de renoncements difficiles pour tous. Une fois les besoins conciliés, la famille recomposée peut être profitable à chacun.

La lecture de ces pages n'évite pas de faire ses propres expériences. Tout au plus, elle indique des pièges, des limites et des voies. Le savoir ne remplace pas l'expérience, et la préparation à l'épreuve n'efface pas la nécessité de la traverser.

Beaucoup de ce que contient ce livre trouverait place dans un traité sur la famille en général : la psychologie de l'enfant et son développement, une saine communication, la construction d'une solidarité entre époux, la nécessité d'une hiérarchie des positions, un judicieux équilibre entre les besoins du couple et ceux des enfants, l'acceptation des différences... Étant donné les difficultés qu'elle engendre, la recomposition oblige à cultiver particulièrement toutes ces qualités qui font la force et la stabilité d'un foyer. Elle enseigne l'art de vivre en famille, ce qui comprend celui de résoudre les conflits. C'est pourquoi ceux qui suivent ce chemin en sortent enrichis.

Bibliographie

AHRONS, C.R. et RODGERS, R.H., *Divorced families : Meeting the Challenge of Divorce and Remariage*, Norton, 1987.

BLAIS, M.-C. et TESSIER, R., *Alliances et relations dans la famille restructurée : recherche documentaire et analyse systémique*, Centre de recherche sur les services communautaires, Université Laval, 1988.

BLAIS, M.-C. et TESSIER, R., « L'enfant dans la famille restructurée : système familial et aspect relationnel », *Apprentissage et Socialisation*, vol. 13, n° 1 : Spécial Jeunes et nouvelles familles, mars 1990.

BLAKESLEE Ives, S., FASSLER, D. et LASH, M., *The Divorce Workbook : A Guide for Kids and Family*, Waterfront Books, 1985.

BLOOM-FLESHBACH, J. et BLOOM-FLESHBACH, S., « Psychological Separateness and Experiences of Loss » *in* : Bloom-Fleshbach, J. et Bloom-Fleshbach, S. (éds.) : *The Psychology of Separation and Loss*, Jossey-Bass, 1987.

CARTER, E.A. et McGOLDRICK, M., *The Family Life Cycle : A Framework for Family Therapy*, Gardner Press, 1980.

CLOUTIER, G., « Un schéma de référence pour le travail avec les familles reconstituées », *Bulletin de l'Association des thérapeutes conjugaux et familiaux du Québec*, vol. 15, n° 4, 1988.

183

CLOUTIER, R., « Une famille réorganisée pour l'enfant », Avant-propos, *Apprentissage et Socialisation, op. cit.*

BADINTER, E., *L'amour en plus : histoire de l'amour maternel*, Flammarion, 1980.

BARIL, S., « La place de l'enfant dans les transitions familiales », *Apprentissage et Socialisation, op. cit.*

BOWLBY, J., *Attachment and Loss*, tome 1 : *Attachment*, Basic Books, 1969.

BOWLBY, J., *Attachment and Loss*, tome 2 : Separation : Anxiety and Anger, Basic Books, 1973.

BRAZELTON, T.B. et CRAMER, B.G., *The Earliest Relationship : Parents, Infants and the Drama of Early Attachment*, Addison Wesley, 1989.

CAREAU, L. et CLOUTIER, R., « La garde de l'enfant après la séparation : profil psychosocial et appréciation des familles vivant trois formules différentes », *Apprentissage et Socialisation, op. cit.*

CLINGEMPEEL, W.G., SHUWALL, M.A. et HEISS, E., « Divorce and Remariage : Perspectives on the Effects of Custody Arrangments on Children », *in* : Wolchik, S.A. et Karoly, P. (éds.) : *Children of Divorce : Empirical Perspectives on Adjustment*, Gardner Press, 1988.

DELISLE, J., *Survivre au deuil : l'intégration de la perte*, éd. Pauline et Mediaspaul, 1987.

DEMONBOURQUET, J., *Aimer, perdre et grandir : l'art de transformer une perte en gain*, Les éd. du Richelieu, 1984.

DOLTO, F., *Quand les parents se séparent*, éd. du Seuil, 1988.

FELNER, R.D., TERRE, L. et ROWLISON, R.T., « A Life Framework for Understanding Marital Dissolution and Family Reorganisation », *in* : *Children of Divorce, op. cit.*

GARDNER, R.A., *Les enfants et le divorce, Un livre pour enfants, avec une introduction pour les parents*, Les éd. Saint-Yves, 1988.

GERMAIN, D., *Une deuxième maison pour l'amour : l'histoire d'une famille recomposée*, Libre Expression, 1989.

GERMAIN, D., « La famille reconstituée : le deuil de l'idéal », *Revue canadienne de psychoéducation*, vol. 13, nº 2, 1984.

GERMAIN, D. et LARIVÉE, S., « La famille reconstituée : pourvu que ça marche... », *Bulletin de l'Association des thérapeutes conjugaux et familiaux du Québec, op. cit.*

GLICK, P.C., « The Role of Divorce in the Changing Family Structure : Trends and Variation », *in : Children of Divorce, op. cit.*

GUIDUBALDI, J., « Differences in Children's Divorce Adjustment across Grade Level and Gender : A Report from the WASP-Kent State Nationwide Project », *in : Children of Divorce, op. cit.*

GUILMAINE, C., *La garde partagée, un heureux compromis*, Les éditions internationales Alain Stanké, 1991.

HALEY, J., *Problem Solving Therapy : New Strategies for Effective Family Therapy*, Jossey-Bass, 1976.

HETHERINGTON, E.M., ARNETT, J.D. et HOLLIER, E.A., « Adjustment of Parents and Children to Remariage », *in : Children of Divorce, op. cit.*

HEITLER, S.M., *From Conflict to Resolution : Strategies for Diagnosis and Treatment of Distressed Individuals, Couples and Families*, Norton, 1990.

JACOBSON, G.F. et JACOBSON, D.S., « Impact of Marital Dissolution on Adults and Children :

The Signifiance of Loss and Continuity », *in :
The Psychology of Separation and Loss, op. cit.*

LINDBLAD-GOLDBERG, M., « Successful Minority
Single-Parents Families », *in : Children in
Family Contexts : Perspectives on Treatment*,
Guilford Press, 1989.

MARTIN-LAVAL, H., *Comment négocier avec
l'enfant de l'autre et garder le sourire*, Libre
Expression, 1988.

Ministère de la Justice Canada, *La loi sur le
divorce, guide à l'intention des conseillers*,
1989.

MINUCHIN, S., *Families and Family Therapy*, Harvard University Press, 1974.

NEUBAUER, P.B. et NEUBAUER, A., *Nature's Thumbprint : The New Genetics of Personality*, Addison Wesley, 1990.

PAPERNOW, P., « The Stepfamily Cycle : An Experiential Model of Stepfamily Development »,
Family Relations, vol. 33, 1984.

ROBIN, A. et FOSTER, L., *Negociating Parent Adolescent Conflicts*, Guilford Press, 1989.

SAGER, C.J., STEER BROWN, H., CROHN, H., ENGEL, T.,
RODSTEIN, E. et WALKER, L., *Treating the Remarried Family*, Brunner/Mazel, 1983.

STOLLMAN, W., *Familles reconstituées... avec succès !*, Services à la famille Canada, 1985.

TURGEON, L., *Le père séparé*, Les éditions internationales Alain Stanké, 1989.

VIORST, J., *Les renoncements nécessaires : Tout ce
qu'il faut abandonner en route pour devenir
adulte*, Laffont, 1988.

VISHER, E.B. et VISHER, J.S., *Old Loyalties, New
Ties : Therapeutic Strategies with Stepfamilies*,
Brunner/Mazel, 1988.

VISHER, E.B. et VISHER, J.S., *Stepfamilies : A Guide to Working with Stepparents and Stepchildren*, Secaurus : The Citadel Press, 1979.

WALLERSTEIN, J.S. et BLAKESLEE, S., *Second Chances : Men, Women and Children a Decade after Divorce*, Ticknor & Fields, 1989.

WALLERSTEIN, J.S. et KELLY, J.B., *Surviving the Breakup : How Children and Parents Cope with Divorce*, Basic Books, 1980.

WHITESIDE, M.F., « Remarried Systems », *in : Children in Family Contexts, op. cit.*

Dans la collection J'ai lu Bien-être

JACQUES SALOME

Papa, Maman, écoutez-moi vraiment

"Vos enfants ne sont pas vos enfants.
(...) ils ne vous appartiennent pas.
Car ils ont leurs propres pensées." Khalil GIBRAN

Parents, cette phrase capitale nous concerne tous. Et cela, depuis les mouvements secrets de l'embryon encore protégé dans le ventre de sa mère jusqu'à l'âge adulte en passant par toutes les étapes du développement.

Pour **Jacques Salomé, l'essentiel d'une existence se met en place dans les premières années de la vie.** Si les bébés n'ont pas beaucoup de mots pour parler, ils ont **beaucoup de langages pour communiquer**. L'auteur nous aide à mieux comprendre quelques-uns de ces langages avec lesquels le bébé, l'enfant puis l'adulte tentent de **s'exprimer, de se signifier et peut-être d'exister.**

Jacques Salomé
Diplômé en psychiatrie sociale
et formateur en communication, il est bien connu
pour le succès hors du commun de ses conférences et
pour ses ouvrages sur la communication dans le
couple et la famille : il est l'auteur de plusieurs best-
sellers, dont Parle-moi... j'ai des choses à te dire *et*
Contes à guérir, Contes à grandir.

Collection J'ai lu Bien-être, 7112/5

NANCY SAMALIN
Savoir l'entendre,
savoir l'aimer

Camille refuse de manger ce que je lui propose...
Elle désobéit systématiquement, pique de
terribles colères... Je crie, je m'emporte,
je n'en peux plus...
**Tous les parents connaissent ce genre
de conflits.**

Que faire pour éviter les blocages ?
Faut-il punir ? Que dire à un enfant en colère ?
Doit-on instaurer des limites ? Comment
entendre ce qu'il cherche à exprimer ?
Analysant de nombreux témoignages,
Nancy Samalin **nous propose un nouveau
mode de communication parents-enfants :
car écouter l'enfant ne suffit pas, encore
faut-il comprendre ce qu'il ne dit pas.**

Des solutions concrètes, un guide précieux à lire
de toute urgence **pour apprendre à aimer
son enfant et l'aider à franchir les étapes
normales d'une croissance harmonieuse.**

Nancy Samalin
Psychologue, mère de deux enfants,
elle s'est spécialisée dans l'éducation et
la communication parents-enfants.
Très connue aux États-Unis, elle fait également
de nombreux séminaires en France.

Collection J'ai lu Bien-être, 7062/5

Composition Euronumérique
Achevé d'imprimer en Europe (France)
par Brodard et Taupin à La Flèche (Sarthe)
le 16 avril 1997. 6679 R
Dépôt légal avril 1997. ISBN 2-290-07122-6

Éditions J'ai lu
84, rue de Grenelle, 75007 Paris
Diffusion Flammarion (France et étranger)